Casse-toi !

Du même auteur

Enfant gâté, récit, XO Éditions, 2001.
Flash, photos 1990-2001, album, Éditions Filipacchi, 2002.
Mes années 60 (l'intégrale), album, Éditions Filipacchi, 2002.
Le temps d'apprendre à vivre, récit, XO Éditions, 2004.
Le Rêve, album, Flammarion, 2005.
Oncle Dan, souvenirs, XO Éditions, 2008.
Jean-Marie Périer, album, Éditions du Chêne, 2008.
Les Vins de Laure, avec Laure Gasparetto, Grasset, 2009.

Jean-Marie Périer

CASSE-TOI !

Document

ÉDITIONS

ISBN : 978-2-915056-96-9

À Jean Marais

Par discrétion ou par prudence, tout ce qui rend ces jeunes identifiables a été changé. À part cela, je vous donne ma parole que je n'ai rien inventé.

Tous les matins, dans l'Aveyron, mes journées commencent par la lecture de la presse au café de la place du village. Cette activité m'est indispensable, elle me donne le sentiment d'être un adulte concerné, une grande personne, bref, je m'informe. Je lis tous les journaux, toutes opinions confondues, même ceux avec lesquels je suis rarement d'accord. Après quoi, j'oublie généralement tout ce que j'ai lu. Il faut qu'une nouvelle soit vraiment particulière pour retenir mon attention. Justement, il y a quelques mois, je lis dans un quotidien un article consacré à une association de Montpellier humblement nommée « Le Refuge ». Le message du titre est clair : *Chassés par leur famille, de jeunes gays se retrouvent à la rue.*

En quelques lignes, l'article décrit le petit espace dans lequel les deux responsables de l'association, Nicolas Noguier et Frédéric Gal, accueillent des adolescents homosexuels bannis par leurs parents. Dehors, à la rue, avec parfois pour seul bagage un sac-poubelle rempli de leurs affaires.

La France « des-droits-de-l'homme » ne tolérerait donc toujours pas le droit à la différence ? Maman ne t'accepte que si tu lui ressembles et papa ne veut voir qu'une tête, comme à l'armée ? Bien sûr, je sais que c'est plus compliqué que ça ; en attendant, il existe aujourd'hui des gens QUI PEUVENT VIRER LEUR ENFANT DE CHEZ EUX PARCE QU'IL EST HOMOSEXUEL !

Je n'en crus pas mes yeux.

Dans les médias parisiens, on a tendance à considérer que l'homosexualité n'est plus un problème, qu'elle est entrée dans les mœurs aussi facilement que dans les conversations. La liberté de ton de certains journalistes et animateurs de télévision de la capitale, même si elle est bienvenue, pourrait faire croire que le cœur de la France profonde bat au même rythme que celui du quartier du Marais. Hélas ! du Midi à l'Alsace, au fin fond des campagnes et jusqu'en Île-de-France, il semblerait que pour une bonne partie de la population l'homosexualité soit encore perçue comme une maladie, une tare ou une malformation. Autrement dit, à l'heure de l'iPhone et des grandes ambitions écologiques, certaines idées préconçues n'ont pas dépassé le Moyen Âge.

Combien de gosses sont fichus dehors ? Mystère.

En France, nul ne s'accorde sur la proportion de jeunes parmi les SDF. Quant à estimer combien d'entre eux sont gays, personne ne peut s'y essayer, pour la bonne raison que cette curiosité est interdite par la loi. Aux États-Unis par exemple, un rapport s'appuyant sur plusieurs études fait état d'une véritable « épidémie » de SDF parmi les jeunes homos – entre 20 et 40 % des SDF sont gays. Rien qu'à New York, 30 % des trois mille huit cents sans-abri de moins de vingt-cinq ans seraient gays, lesbiennes ou bisexuels, un chiffre énorme dans un pays où moins de 5 % de la population se déclare homosexuelle.

Dans l'Hexagone, point de chiffres, donc on ne s'affole pas.

Pourtant, n'y aurait-il, chez nous, qu'un seul gosse expulsé de chez lui parce qu'il est gay, j'aurais eu envie de lui donner la parole.

Des jeunes homos virés de chez eux par papa maman, j'en ai rencontré une douzaine. Il aurait été aisé d'en interroger le triple ou le quintuple. Le Refuge, l'association qui m'a ouvert ses portes et qui n'a pour l'instant que deux antennes en France, a reçu à elle seule trois cent cinquante demandes d'admission de gamins gays et SDF en 2008. Plus ou moins sophistiqué, tacite, violent, lent ou rapide, le scénario est toujours peu ou prou identique. T'es gay ? Dehors !

Et circulez, y a plus rien à voir.

Moi qui ai eu toutes les chances, pourquoi suis-je ainsi ému par ces adolescents perdus dont le dernier espoir de chaleur familiale n'existe qu'entre les murs du bien-nommé « Refuge » ?

Sans doute parce qu'ils me rappellent l'adolescent que je fus, ce petit paumé qui voulait rêver sa vie.

Je me souviens de ces temps fragiles où, bien que n'ayant jamais été tenté par l'expérience homophile, je n'en étais pas moins la proie.

Ma peur chronique des femmes à l'époque et mon minois de quarteron à bouclettes me rapprochaient fatalement des homos que je côtoyais à Saint-Germain-des-Prés.

Les seuls vraiment gentils, les seuls à me comprendre, toujours prêts à me parler ou à m'écouter, étaient les gays de la rue Saint-Benoît. Et pas seulement pour me draguer, certains d'entre eux furent mes seuls vrais amis pendant ces années singulières où je me cherchais. Ainsi que beaucoup d'adolescents j'étais fragile et c'est parce que le destin me fit rencontrer Daniel Filipacchi, dont je devins l'assistant en 1956, que je trouvai ma route. L'homme était rare, à lui seul il représentait l'avenir, l'Amérique, le jazz, sa personnalité unique en faisait la quintessence de l'homme à femmes, et dès la première seconde, je n'ai eu d'autre idée que de le suivre. Daniel a radicalement changé ma vie, je n'oublierai jamais ce que je lui dois. Sans lui, par faiblesse ou par solitude, j'aurais peut-être fait un détour par une aventure homosexuelle. Au pire, j'aurais perdu un peu de temps puisque ce n'était pas dans ma nature, mais ce dont je suis certain, c'est que jamais ma famille ne m'aurait chassé, car dans l'univers des comédiens les homosexuels ont toujours eu leur place. Enfant déjà, lorsque je sortais de chez moi, je n'avais qu'à traverser l'avenue pour aller sur les bords de la Seine jouer sur la péniche de Jean Cocteau et Jean Marais. Et quand ce dernier apparaissait en peignoir de soie et qu'il m'embrassait le front en me caressant les cheveux, il ne serait venu à personne l'idée de s'offusquer.

J'ai d'ailleurs toujours eu pour Jean Marais la plus grande estime. Star incontestable du cinéma de son époque, adulé par le public féminin, il osait afficher son homosexualité avec une insolence incroyable quand on sait la rigueur morale de la France des années 1940. C'était un homme très attachant, d'une humilité qui n'avait d'égale que sa courtoisie.

Sauf si on avait le malheur d'insulter son inclination.

Un jour dans un bar, après avoir été traité de « pédé » par un cuistre, j'ai vu Jean saisir l'imprudent par le col et lui faire cadeau d'un vol plané par-dessus le comptoir dont le bougre a dû se souvenir longtemps.

Et si je lui ai dédié ce livre, c'est parce que depuis toujours, lorsque l'on me demande ma définition de l'HOMME, le vrai, je réponds toujours que je n'en vois que deux, mon père François Périer et Jean Marais.

En revanche, pour ma grand-mère, Hélène Pillu, modeste princesse de la petite bourgeoisie de l'après-guerre, celle de 14-18 bien sûr, elle qui m'avait élevé envers et contre tout, elle qui croyait en un Dieu qui ne la méritait pas, si fière de sa France « d'avant » qu'elle en était arrivée à considérer le général de Gaulle comme un dangereux communiste, pour elle, bien sûr, parler des homosexuels, cela ne se faisait pas.

Je sais, mamie, ça ne se fait pas, mais ça existe, alors qu'est-ce qu'on fait ? Je ne saurai jamais ce qu'elle en pensait.

Après avoir rangé sa chambre comme il se doit, elle s'était allongée pour mourir en fermant bien la porte afin de ne pas déranger. Sans dire un mot, elle s'en était allée au paradis des humbles retrouver ceux qu'elle appelait « les gens de bonne qualité ».

Et qu'aurait dit mon père si je lui avais annoncé que j'étais homosexuel ? Rien, sans doute.

Il avait bien accepté mon bronzage permanent, il n'en était plus à une originalité près. Il m'aimait, c'est tout.

Quant à ma mère, je n'ai aucune inquiétude. Elle qui aimait les hommes, elle m'aurait compris. Et comme d'habitude, elle m'aurait emmené danser…

Sans doute grâce à mon éducation, j'ai toujours considéré l'homosexualité comme une évidence.

Pour moi, c'est comme avoir les yeux bleus. On ne va quand même pas se mettre à virer son gosse parce qu'il a les yeux bleus…

Si j'ai eu envie d'écrire ce livre, c'est afin de donner la parole à ces enfants-là.

LE REFUGE

À Montpellier, la place de la Comédie tient lieu de Champs-Élysées. Aux terrasses des cafés, si les jeunes sont en majorité, les familles et les retraités croisent quelques hippies égarés des années 1960. La ville aime les mélanges, l'air y est joyeux, on sent déjà la mer.

À deux pas de cette agitation, non loin de la préfecture, la rue Germain a des airs de coulisses. Lorsque je pousse la porte, il est dix-huit heures, le moment de la réunion des gens du Refuge.

Dès que je pénètre dans le local de l'association – un bureau de 44 m^2, l'eau courante depuis peu –, huit paires d'yeux me dévisagent. Il faut dire, qu'avec ma veste en seersucker, ma petite chienne en laisse et le dernier livre de Beigbeder qui dépasse de ma poche, j'ai plus l'air d'un boulevardier du début du XXe siècle que d'une assistante sociale.

Je sens que je fais tache. Assis autour d'une table, il y a sept garçons et une fille qui grignotent des gâteaux, des « Petits Écoliers », avec de l'Orangina, des trucs d'enfants. Une table, ça rappelle la maison.

Aux murs, il y a quelques posters de gens célèbres et des affiches d'associations, de prévention contre le sida et des conseils pour trouver du travail.

Les murs parlent du monde extérieur, de celui des adultes, de ceux qui ne les comprennent pas. Une fois les présentations faites, ils retournent à leur conversation. Mais le cœur n'y est pas, ma présence bouscule les habitudes. C'est qui, ce type ? Encore un Parisien, un de ces journalistes pleins de bonnes intentions ?

Après la lecture de cet article dans le journal, j'avais aussitôt envoyé un mail à l'association pour leur proposer de les aider. Je ne savais pas encore comment. Un clip, un documentaire, un livre ? Suivre mon instinct, agir et réfléchir après, ce travers me conduisait une fois de plus à une situation dont je ne mesurais pas la difficulté. À ma grande surprise, une réponse m'était parvenue immédiatement.

Je rencontrai donc Nicolas Noguier à Paris et, au cours d'un déjeuner, il me décrivit la détresse des jeunes du Refuge.

C'est là que je compris que l'idée de pénétrer cet univers avec une caméra relevait de l'absurde. Tant pour les victimes que pour les familles, il était évident qu'il fallait respecter l'anonymat. Un livre de témoignages me sembla la meilleure, sinon la seule solution.

Et me voilà maintenant dans cette pièce remplie de gens dont l'histoire me révolte, ma petite chienne circule entre leurs jambes, pour l'instant, elle est mon seul lien avec eux.

Nicolas Noguier, chargé de mission à la DDASS de l'Hérault, est l'initiateur de l'association avec Frédéric Gal – qui s'occupe de la gestion à Montpellier. Tous deux sont bénévoles ; pour eux, Le Refuge n'est pas qu'une charge, c'est aussi une inquiétude constante qu'il faut assumer en plus d'un travail rémunérateur. Nicolas est un peu plus âgé que ses protégés, mais sans plus. Il a des airs de grand frère.

— Personnellement, raconte Nicolas, je n'ai pas été viré par mes parents mais, adolescent, je me trouvais très isolé, je vivais dans un village et je recherchais des gens qui me comprennent. En ville, il existait beaucoup de structures dédiées aux jeunes en difficulté, mais aucune spécifiquement pour les jeunes homos. J'ai recherché ça de quinze à vingt ans, et c'est après la fin de mes études que j'ai rencontré pas mal de travailleurs sociaux qui me disaient qu'ils avaient plein de jeunes en difficulté qu'ils ne pouvaient envoyer nulle part. Un jour, j'ai lu un reportage sur des centres existant en Angleterre, des structures tournées vers les jeunes homos, beaucoup plus grandes que la nôtre aujourd'hui. En 2003, j'ai donc décidé de créer Le Refuge et à ma grande surprise, j'ai très vite été entouré de gens prêts à m'aider, des travailleurs sociaux, des médecins, ainsi que des mères de famille, tous étaient d'accord pour agir bénévolement. Au début, on n'avait pas d'argent, on faisait ça sur nos fonds propres et avec quelques dons, mais on ne pouvait pas louer un local ni des studios, donc on a commencé par des hébergements en hôtel. Et la propriétaire des lieux a été sensibilisée par les jeunes avec lesquels elle parlait des nuits entières. Pour finir, elle a rejoint l'association. Puis son compagnon a décidé de nous louer des appartements pour un prix vraiment très raisonnable. Le problème, c'est que pas mal de gens voyaient notre action d'un mauvais œil. Les collectivités locales nous tournaient le dos et il nous a fallu nous battre pour obtenir la reconnaissance et la notoriété d'aujourd'hui.

Frédéric et Nicolas essaient de monter la même structure à Paris et dans d'autres villes en France, mais l'entreprise est encore balbutiante.

Si les associations qui prennent en charge les adolescents perdus ne manquent pas (celles qui aident Le Refuge sont citées à la fin du livre), il se trouve qu'en l'occurrence, Le Refuge se présente comme *la seule structure en France* susceptible d'assurer un hébergement d'urgence et un suivi pluridisciplinaire aux jeunes homosexuel(le)s rejeté(e)s du domicile familial.

Le Refuge est la dernière chance de salut pour ces enfants en détresse, dont voici un exemple.

« Si la vie était un objet, elle serait une ordure. Crève, mon enfant, crève, car je ne veux pas de pédé dans ma vie. »

Voilà ce que ma mère m'a dit, à moi son fils.

J'ai honte d'elle, j'ai honte des gens comme elle, j'ai honte de vous. J'ai la haine de votre incompréhension, je me sens mal d'être comme je suis, je ne me sens même pas moi à vrai dire. Aujourd'hui, j'ai dix-neuf ans, je suis jeune, mais la jeunesse n'est que sur mon corps, elle n'est plus à l'intérieur de moi, car je suis devenu un adulte bien trop vite. Je suis à la rue, sans famille, comme beaucoup de jeunes dans mon cas, je trouve ça ignoble. Vous, nos parents, vous, nos créateurs, vous tout court, vous jetez nos vies comme vous jetez des sacs-poubelles. Je me sens tellement perdu, c'est la première fois que je me sens au bord du gouffre, comme si la vie ne me voulait pas.

Ma mère vient de me jeter sans amour, sans rien, avec une haine indescriptible, un regard haineux, avec beaucoup trop de reproches, avec trop de trop.

Je ne comprends plus rien, je ne sais même pas si vous, vous allez me comprendre.

Bref, j'ai la rage, j'aimerais tellement être comme les autres, jouer au jeu de la vie et être encore souriant. Mais maintenant il faut que du jour au lendemain je m'occupe de moi, que je trouve du travail, et le seul emploi que j'ai trouvé n'est pas à la hauteur de ce que je voulais. Un trottoir reste un trottoir.

Si je fais ce témoignage, c'est juste pour savoir quelle aide je peux obtenir. Je n'aime pas demander des choses aux gens, mais je me sens partir, et j'ai peur, alors, s'il vous plaît, répondez-moi, dites-moi quoi faire, aidez-moi, je vous en supplie. J'ai peur, je suis en train de descendre en vrille, je ne veux pas finir drogué et mourir sous un pont, dites-moi quoi faire...

Nicolas et Frédéric consacrent leur vie à répondre à des messages comme celui-ci. Et répondre ne suffit pas. Il leur faut écouter, parler, prendre en charge, bref, assumer ces jeunes gens qui les appellent au secours, on est loin de la bonne volonté, ça frise plutôt l'apostolat.

Une organisation comme celle du Refuge pourra-t-elle longtemps tenir uniquement par le bénévolat ?

« Depuis maintenant trois ans, les gens commencent à connaître Le Refuge et les demandes augmentent. On se débrouille avec ce qu'on a, mais ça devient difficile », explique Frédéric.

Lorsqu'elle se trouve en présence de personnes dans une situation extrême, l'association dispose, à Montpellier, d'une maison relais dans laquelle elle peut héberger neuf jeunes.

En plus des bénévoles qui travaillent à l'intérieur de l'association, elle a également recours aux services d'une psychologue, d'un assistant social et d'un médecin. Voilà tout ce dont Le Refuge bénéficie pour faire face à un problème de cette envergure. Légalement, l'association n'a pas le droit de loger des jeunes de moins de dix-huit ans. Lorsqu'ils ont affaire à des cas désespérés, par exemple des adolescents de quinze ou seize ans, ils doivent les orienter vers des structures agréées.

« L'année dernière, un jeune de dix-sept ans nous a appelés. Il était vraiment en galère, à la rue, prostitution et tout… Mais là, on a eu une dérogation par un juge des enfants de Royan qui l'a placé chez nous. C'était une première en France. On a fait un bon travail, il s'est finalement réconcilié avec ses parents après quelques mois et il est retourné chez eux. »

Ensuite, Nicolas et Frédéric ne lâchent pas les jeunes et continuent à entretenir avec eux les liens qu'ils ont réussi à tisser, conscients qu'il s'agit là d'enfants plongés dans une détresse particulière. À la période la plus fragile de leur vie, que peuvent-ils faire en effet sans famille pour les protéger, largués dans un univers qui les rejette ?

Nicolas me présente d'abord Sandra, un petit bout de femme au front dur. Avec son allure mi-fille, mi-gamin, Sandra n'est pas à la frontière, elle *est* la frontière, cet espace mince où personne ne peut vivre.

Visage fermé, petit tank fragile, mais je n'ai encore rien vu, la carapace est dedans.

– Je ne veux pas vous parler ! me dit-elle d'entrée.

Maladroitement, j'insiste :

– Tu sais, ton témoignage pourrait servir aux autres, à ceux qui n'ont pas la chance d'être ici comme toi.

– De toute façon, je me fous des autres !

Je ne la crois pas. Est-elle froissée par la pochette de chez Hilditch qui pend à ma veste ? Une pochette, c'est un truc de vieux, et les vieux ne peuvent pas la comprendre.

Ma petite chienne a plus de succès que moi.

Flairant ma maladresse, Nicolas me dirige vers Samuel, un garçon de dix-neuf ans à l'allure plus affable. L'exiguïté des lieux me mettant mal à l'aise, je lui propose d'aller dîner au restaurant. Ce n'est peut-être pas la marche à suivre, mais je sens qu'une bouteille de languedoc m'aidera à me remettre de mes émotions, et puis, que voulez-vous, je suis français, donc ce qui est important commence toujours à table.

La nuit est tombée, la terrasse du restaurant se trouve un peu à l'écart de la rue, les gens qui passent ne nous prêtent pas attention. On a tout juste l'air de deux potes en goguette prêts à parler de filles ou de football.

Samuel a le regard franc d'un Belmondo moderne.

Il commande une entrée copieuse, une franche pièce de bœuf, et un verre de vin ne lui fait pas peur.

Me voilà rassuré.

Né dans une petite ville de l'Est, entre un père entrepreneur et une mère au foyer, il avait tout pour vivre une jeunesse sans histoire. Et puis un jour, vers quatorze ans, il est troublé par un ami de classe.

— Je ne comprenais pas ce qui m'arrivait, j'allais toujours vers ce garçon et il me laissait faire. J'ignorais quel mot mettre sur cette envie, en même temps, je me sentais coupable et je ne savais pas de quoi. Un jour, en regardant la télé, j'ai vu un film qui parlait de l'homosexualité, et là, j'ai compris que c'était moi, c'était ma vie, quoi...

Mais dans la cour du lycée, les mômes n'arrêtent pas de se traiter de pédés, aussi, lorsqu'il comprend que ce qu'il ressent passe pour une insulte, Samuel n'ose en parler à personne : à l'âge des emballements irraisonnés et des théories définitives, Samuel est contraint de garder pour lui son envie naissante d'un amour qu'il croit honteux. J'imagine qu'à cet âge, vivant dans un endroit où tout le monde se connaît, découvrir, réaliser, admettre qu'on est « différent » ne doit pas être simple.

— Autour de moi, on disait que c'était mal, que c'était une maladie, le diable, quoi. En plus, on était en plein dans les années sida, alors, je croyais que lorsqu'on était homo ou même quand on embrassait un garçon, automatiquement on avait le sida. Ça m'angoissait beaucoup.

— Mais un jour, tu l'as bien dit à quelqu'un ?

— J'ai menti à tout le monde jusqu'au moment où je l'ai avoué à un garçon dont j'étais amoureux. Je ne l'intéressais pas, mais, bizarrement, ça s'est bien passé, il n'a pas rigolé. On faisait partie d'un groupe d'amis. Au début, j'ai pensé que ça ne les dérangeait pas, et puis j'ai vite compris que certains s'éloignaient de moi, qu'ils me fuyaient.

Samuel raconte sans détour, avec un recul surprenant, et son vaillant coup de fourchette me réconforte. Je lui suggère de tenir un journal afin de ne rien oublier. N'est-ce pas la première chose que l'on devrait apprendre à l'école aux enfants ? Il me répond qu'il le fait déjà. Parfait, il est en bonne voie.

– Et avec tes parents, comment ça se passe ?

– Ma mère s'étonnait de me voir aller très souvent à Paris, alors, je lui ai dit que je voyais quelqu'un. Évidemment, elle croyait que c'était une fille.

« Et puis, au bout d'un moment, elle a vu que j'utilisais toujours un ton neutre, aussi, elle m'a demandé de lui dire la vérité. Lorsqu'elle a réalisé qu'il s'agissait d'un ami, elle m'a regardé et m'a dit : “C'est une amitié particulière ?”

« J'ai répondu : "Oui, c'est ça. Je suis gay voilà, c'est comme ça." Alors là, elle a commencé à pleurer et elle s'est mise à faire le ménage de façon frénétique, comme si nettoyer l'appartement allait me purifier.

Il me balance ça assez froidement. Pourtant, faire pleurer sa mère n'est pas anodin, à moins que la honte ne l'ait endurci au point de ne plus éprouver pour elle qu'une sorte de pitié, comme s'il la reniait pour ne l'avoir pas compris.

Samuel cherche-t-il à m'étonner ou bien affiche-t-il cette distance pour cacher sa gêne ?

— Ma mère m'a dit : « Surtout, n'en parle pas à ton père. » Après elle a essayé de me faire changer d'avis. Elle a pris des rendez-vous avec un psychanalyste, prétextant que j'avais un complexe d'Œdipe…

— Pour elle c'était donc une maladie ?

— Oui. Ensuite elle a commencé à se culpabiliser. « On ne t'a pas donné assez d'amour », etc. Ce n'était pas ça le problème. Quand j'essayais de le lui faire comprendre, elle ne m'écoutait pas.

« En plus, le soir même du jour où je me suis confié à elle, ma mère l'a tout de suite dit à mon père, alors qu'elle m'avait fait jurer de me taire.

– Et ton père ?

– Curieusement, il n'a rien dit. Pourtant, homophobe comme il l'était, je redoutais sa réaction. Il m'a dit : « Fais attention au sida. » C'est tout.

« Pour eux, l'homosexualité était associée à la promiscuité avec des gens sales, des drag-queens, des folles, quoi… Avec ma mère, les choses ont empiré. Elle a commencé à avoir des mots de plus en plus durs : "J'aurais mieux fait d'avorter, tu veux détruire cette famille, tu es le diable…" Et plus elle était agressive, plus j'avais de la haine pour elle, j'avais même peur de la frapper. J'ai pensé que ce n'était plus possible, alors je suis parti à Paris.

– Ce n'est donc pas eux qui t'ont renvoyé ?

– Non. Ils me l'ont fait comprendre, ils voulaient que je parte, mais sans en être responsables. Je me suis retrouvé à l'université de Strasbourg. Je sortais tout le temps avec des gens comme moi. J'étais prêt à suivre n'importe qui pourvu que quelqu'un me regarde.

« Et puis j'ai commencé à voyager. Je suis allé au Canada avec un ami. Le problème, c'est qu'il était dépressif, fallait que je m'occupe de lui tout le temps. Moi, j'essayais de gagner des ronds avec des petits boulots. Dans nos 20 m^2, on avait faim souvent. C'était la galère, quoi... Y avait la drogue, la prostitution...

— T'as fait tout ça, toi ?

— Pas vraiment, mais j'ai pas mal déconné.

« J'ai pas mal déconné. » Il est là devant moi, avec son corps d'adulte et son air enfantin, et si son empressement à se confier n'était qu'une envie de parler à quelqu'un ? Il sent que son problème me touche. Peut-être ne me dit-il que ce que j'ai envie d'entendre, avec mes cheveux blancs, je dois être rassurant. Vais-je maîtriser l'entreprise dans laquelle je me lance ?

— Qu'est-ce que tu veux dire par : « J'ai pas mal déconné » ?

— Je passais mes nuits dans les boîtes, j'allais d'une histoire à l'autre, enfin, je déconnais, quoi. Il fallait que j'arrête, j'avais plein d'amis, et en fait je n'en avais pas, je changeais de job tous les trois mois, d'appartement six fois par an. J'avais l'impression d'être un fantôme.

— Comment t'es-tu retrouvé au Refuge ?

— Un jour, j'ai pris la décision de rentrer chez mes parents. Au début, ça se passait bien, ma mère avait l'air d'avoir accepté, et puis très vite les remarques désagréables et les insultes ont recommencé : « Tu es un raté, ce que tu as, c'est dans la tête, tu ne pourras jamais t'en défaire et tu seras malheureux toute ta vie. » C'est là que je suis allé au Refuge…

À cet instant précis, je préfère arrêter la conversation. Je sens qu'il me manque les qualités nécessaires pour obtenir la vérité, j'ai peur de ne pas être à la hauteur. En effet, n'ayant pas l'âme d'un journaliste, je suis un piètre interviewer, j'ai horreur de poser des questions, la situation me gêne. C'est pourquoi, après cette tentative hasardeuse, je décide de me faire aider par une personne rompue à cet exercice.

En vraie journaliste habituée des investigations, Véronique Mougin a la connaissance des cas difficiles, et puis elle est beaucoup plus jeune que moi. Or il s'agit en l'occurrence de mettre en confiance des adolescents de dix-huit à vingt ans. Bien sûr, vu mon âge avancé, je suis censé posséder l'expérience, mais quiconque n'est pas dupe sait que l'expérience ne sert à rien, et je crains que la colère que m'inspire l'acte de jeter un enfant hors de chez soi ne me brouille la vue. Je pense que grâce à son âge et à son savoir-faire, Véronique sera plus apte à garder son sang-froid.

C'est donc elle que je vais envoyer en première ligne.

Je rencontrerai les jeunes gens du Refuge, mais je la laisserai conduire les interviews. Elle, au moins, saura poser les bonnes questions.

POURQUOI JE NE SUIS PAS UN GARÇON ?

J'avais vu juste. Finalement, Sandra a accepté de parler à Véronique Mougin.

Tant dans son apparence que dans son attitude, Sandra a tout gommé de sa féminité. L'a-t-elle fait exprès ou bien est-ce la nature qui l'a dotée d'un physique aux contours singuliers ? Elle a l'agilité d'un petit boxeur et le regard un peu fuyant, comme si elle cherchait à éviter tout contact. Aujourd'hui, elle a dix-neuf ans. Déjà à douze ans, dans la cour de l'école, elle se sentait à part sans pouvoir le formuler. Pour faire comme les autres, elle avait bien embrassé un ou deux garçons, mais ça ne l'avait pas emballée. Alors, un jour qu'il pleuvait un peu, un de ces jours inventés pour l'ennui des enfants, elle avait posé ses lèvres sur celles d'une fille et ça lui avait plu énormément. Elle avait recommencé et ressenti que c'était ça qu'elle aimait. Mais comprendre ou définir ce qui lui arrivait était de l'ordre de l'impossible.

Elle pensait simplement que ce qu'elle éprouvait était tout à fait normal : pour la première fois de sa vie, elle était amoureuse.

— Alors, je me suis dit : « Pourquoi je ne suis pas un garçon ? » Dans ma tête, un garçon et une fille, ça va ensemble, donc j'ai pensé : si j'aime les filles, je dois être un garçon. Puis j'ai réalisé que j'étais une fille qui aimait les filles. Autour de moi, personne ne le savait. J'avais une copine, Louise, que je voyais tout le temps, mais mes parents ne l'aimaient pas, ils ne voulaient même pas la voir. Peut-être qu'ils se doutaient déjà de quelque chose.

D'après Frédéric Gal, « 80 % des demandes d'admission au Refuge viennent de garçons, assez peu de filles viennent nous voir, sans doute parce que c'est plus facile à cacher pour elles. Personne ne s'étonne de voir deux filles qui se tiennent la main dans la rue, alors que deux garçons…

« Et puis, pour beaucoup de gens, l'homosexualité masculine est une horreur, alors que deux filles, ils peuvent trouver ça charmant, comme façon de voir, c'est assez macho, mais ça existe. »

Apparemment ce n'est pas ce que pensent les parents de Sandra.

— Un jour, mon père m'a aperçue dans la rue, avec ma copine. J'étais pas loin de la maison, on s'embrassait. Il n'a pas trop apprécié. Il pensait que ça ne se faisait pas, il ne voulait pas de ça chez lui. Il m'a dit : “On se marie avec un garçon. Pour faire des enfants, il faut être un homme et une femme, c'est la nature. Ce que tu vis, c'est une passade de jeunesse...” Mon père pensait que j'allais retourner vers les garçons.

« Il l'a espéré, je crois. Je lui ai expliqué que ça faisait longtemps que j'étais comme ça, que j'étais toujours sa petite fille, mais que je ne changerais pas pour lui...

« Mais il insistait, je devais faire un choix : si je restais chez mes parents, il fallait que je respecte certaines règles. La règle, c'était d'être hétéro.

« Bien sûr, j'aurais pu cacher mon homosexualité, faire semblant d'être comme les autres jusqu'à mes dix-huit ans, mais, sur le coup, je n'y ai même pas pensé, je ne voulais pas tricher. Alors, on est parties avec Louise, on a vécu trois ans dans la rue. J'avais quinze ans.

Les parents de Sandra ne l'ont pas vraiment renvoyée, mais ils l'ont laissée faire, ce qui revient au même.

Bien sûr, écarter un enfant de sa vie n'est sans doute pas une décision facile, et il doit être assez tentant de provoquer ce départ en essayant d'en éviter la responsabilité.

Les parents de Sandra ont donc évacué le problème en la laissant partir. D'aucuns me diront qu'ils ne l'ont pas chassée, mais faire en sorte qu'elle ait à ce point l'envie de les quitter, n'est-ce pas la preuve d'un rejet de leur part ? Je pensais que subvenir aux besoins de son enfant jusqu'à sa majorité était une obligation légale. La loi aurait-elle changé ?

On m'objectera qu'une enfant difficile n'en fait qu'à sa tête, qu'on ne peut pas obliger une adolescente à rester si elle a décidé de fuir, et qu'être parent ne vous donne pas tous les torts.

Eh bien, si, justement, je crains que l'on n'ait aucune excuse, que l'on doive tout à l'enfant que l'on a mis au monde et qu'en contrepartie, lui ou elle ne nous doive rien. Pour moi, faire un enfant revient à être coupable, et l'on ne peut se sentir acquitté que dans la mesure où il réussit sa vie.

Encore faudrait-il que l'on s'entende sur ce que signifie réussir sa vie…

Mettre un enfant au monde requiert déjà une bonne dose de culot, il me semble donc que la moindre des choses devrait être de l'aider à s'approcher au plus près de ce qu'il est et non de le brimer s'il ne répond pas à nos espérances.

Il paraît que la France tire sa fierté d'avoir le plus fort taux de natalité d'Europe. Y a-t-il vraiment de quoi être fier ?

Sans barrière physiologique, n'importe qui peut faire des gosses, même les lapins font des petits. L'acte n'est-il pas la preuve d'un égoïsme insensé ? Pourquoi le fait-on, pour lui ou pour soi ? Par preuve d'amour ? Pour « se continuer » ? Est-on si important qu'il faille absolument perpétuer sa lignée ? Et ne me parlez pas des beautés de l'hérédité ou du miracle génétique, étant moi-même un enfant en partie adopté, donc choisi, je connais le dossier, on peut très bien faire sans. D'aucuns vous diront que « c'est comme ça », que procréer va dans le sens de la marche du monde, mais est-on vraiment certain que la surpopulation aidera le monde à se remettre en marche ? Si on lui demandait son avis, le fœtus préférerait peut-être rester peinard dans son bouillon, bien au chaud. Mais non, par ici la sortie et après « débrouille-toi mon gars ! ». Ensuite, du berceau au mariage, sous prétexte de « l'élever », les parents pourraient contraindre leur rejeton à leur ressembler, quitte à renier ses aspirations les plus profondes ?

Cette arrogance suppose des certitudes qui me font défaut.

Penché sur les berceaux de mes trois enfants, je ne pouvais empêcher ma tendresse d'être submergée par l'effroi.

Dieu sait si je suis fier d'eux, mais je ne suis pas très sûr d'être fier de les avoir mis sur Terre.

— Le jour où je suis partie, continue Sandra, je suis allée dormir chez des amis, mais ils ne pouvaient pas me garder éternellement. J'ai commencé à faire la manche pour avoir des sous, pour acheter à manger, des cigarettes. Quand on me demandait pourquoi je faisais la manche, je disais que mon père m'avait mise dehors. Il y a des gens qui m'engueulaient : « Va travailler ! T'as toute la journée, pourquoi tu ne cherches pas du boulot ? » J'aurais bien aimé travailler, moi. Mais quand on présente un CV avec l'adresse de la Croix-Rouge, personne ne vous prend.

« Il y a aussi des gens qui donnent des pains au chocolat, ou la moitié de leur kebab quand ils n'ont plus faim, et on est bien content parce que manger, c'est manger ; quand on a vraiment faim, on mange tout. Dans la rue, on vit au jour le jour. Ça m'est arrivé de tomber malade, j'ai dormi pendant quarante-huit heures dehors et je me suis réveillée, j'avais de la fièvre. Je n'ai pas vu de médecin. Mineure, je n'avais pas droit à la CMU (couverture maladie universelle). Et comme je n'avais pas d'argent...

À cet âge-là, dans la rue, on ne peut pas faire grand-chose. Même à la mission locale, on répondait à Sandra de retourner chez ses parents. Ils n'avaient pas de solution pour une gamine de quinze ans, à part lui trouver un apprentissage. Problème insoluble, une journée d'apprentissage signifiait qu'elle ne pouvait pas faire la manche, donc rien à manger le soir. De plus, pour être accepté il faut avoir une adresse, il faut être présentable : or pour faire la manche il ne faut pas être présentable : si vous êtes trop propre, ça ne marche pas.

Même la manche a ses règles. C'est bien connu des habitués, l'hiver, le turbin marche mieux que l'été.

Le froid rend le badaud coupable, il donne plus facilement la piécette en pensant à son nid, lequel, s'il n'est pas forcément douillet, est en tout cas souvent chauffé. Alors que lorsqu'il fait beau, quand les jupes des filles réapparaissent avec le frissonnement des feuilles, pour le travailleur qui sort du métro, le spectacle de ces gens étalés sur les trottoirs a des airs de vacances qui ne donnent pas envie de mettre la main à la poche. C'est pourquoi, durant les mois d'été, Sandra et son amie vivent dans un squat. Mais pas une de ces usines désaffectées où l'on vénère les tags comme la quintessence de l'art postmoderne et où des avant-gardistes sûrement inspirés œuvrent pour une gloire qu'ils aimeraient voir éclore avant qu'elle ne soit posthume. Non, là, il s'agit d'un immeuble en décrépitude qui n'intéresse personne.

Trop sale, trop humide, trop rien.

Dans les couloirs, il n'y a pas beaucoup de lumière. Par terre, on se repère au bruit des seringues qu'on écrase.

— Dans le squat, il y avait beaucoup de drogués. Pour avoir de la drogue, ils volaient. Quand on est arrivées là-bas, ma copine s'est fait piquer son lecteur DVD portable.

Mais même dans les endroits les pires, on prend ses habitudes, c'est ainsi que, pendant de longs mois, Sandra et Louise partagent leur vie, balancées entre hôtels, squats, et abris de fortune dans la rue, regardant passer les saisons par les fenêtres sans vitres. Jusqu'au jour de l'An où elles partagent une triste fête avec des égarés de passage. Pendant ce temps-là, leurs parents mâchouillent un cuissot de dinde devant la sempiternelle émission de variétés offerte par une des chaînes du service public, en attendant les douze coups de minuit pour se souhaiter l'année la meilleure possible, sans oser prononcer les prénoms de leurs filles.

— On n'avait plus de sous, et il fallait trouver une solution. Quand on n'a pas dix-huit ans, y en a pas douze mille, le RMI, ça commence à vingt-cinq ans…

« J'ai regardé où il y avait de la prostitution, et je me suis mise à côté des filles qui faisaient le trottoir. Elles ne me voyaient pas. D'abord, j'ai fait ça avec des hétéros, et après, puisque je ressemblais à un garçon, je suis allée dans la rue des homosexuels. Ils me prenaient pour un gay.

« Pour moi, être homo, c'est tout à fait normal.

« Dans la vie, on tombe amoureux, que ce soit d'un garçon ou d'une fille, on est amoureux. Demain, je peux aimer une femme, comme je peux tomber amoureuse d'un homme, ça dépend. Ces catégories-là, c'est culturel. La vie sexuelle, ça n'a rien à voir avec les sentiments.

Cette môme me sidère, finalement, elle en sait plus que moi sur les choses de l'amour. En bon petit-bourgeois hétéro j'ai passé ma vie à confondre attirance sexuelle avec « amour toujours », et mes splendides châteaux en Espagne ont fini par se flétrir entre les murs de maisons dont j'ai cru qu'elles seraient « de famille », avec pour seul témoin l'écran de télé qui nous regarde pendant que les enfants dorment.

— Après, j'ai vécu dans un foyer à Narbonne et j'ai rencontré Julie, avec qui je vis maintenant. Ça fait quatre mois qu'on est ensemble, on essaie de faire des projets. Je la vois assez bien être enceinte plutôt que moi. Je voudrais prendre un petit studio et travailler avec les enfants, en crèche ou en maternelle, j'aime bien ça…

« Julie ne sait pas tout de ma vie passée, elle sait que j'ai fait la manche et que, pendant un moment, j'ai dû me prostituer. Je lui raconterai petit à petit.

« Le Refuge, ça m'a permis de me poser, de souffler. J'aurais aimé trouver un endroit comme cela quand j'avais quinze ans.

Sandra est comme une poupée russe. Les gens qui la croisent voient un jeune garçon un peu rebelle sans discerner l'adolescente qui assume seule sa survie et sa condition particulière. Et, derrière tout cela, il y a une petite fille que personne ne connaît et qu'elle-même a oubliée. Sa vie lui appartient, elle en fait ce qu'elle peut, car il n'est pas sûr que ce qu'elle voudrait existe : être un homme avec un cœur de femme et des envies d'enfant.

Une sorte de perfection en somme.

LA MEILLEURE DES MORTS

Blond, les cheveux longs, Jean-François a les yeux marron et le visage enfantin. Il ressemble au fils que nous pourrions tous avoir. Pourtant, à dix-neuf ans, il a déjà pas mal bourlingué. Rejeté par ses parents biologiques dont il ne veut pas parler, il s'est retrouvé dans une famille d'accueil, où il est traité comme un enfant de la maison.

— On vivait dans un pavillon dans les faubourgs d'Angers. La mère et les enfants de la famille m'avaient adopté tout de suite, même si à quatorze ans j'étais déjà pas mal rebelle. Ces gens-là sont très croyants, vachement pratiquants, à la messe et tout... Moi, je ne suis pas catholique, mais j'ai vite compris que les homos, ils les ont en horreur. Quand je suis arrivé chez eux, ils m'ont dit : « On est chrétiens. » Je leur ai répondu : « Votre christianisme, soyez gentils, ne m'en parlez pas ; je respecte votre religion, mais j'ai un avis complètement différent. »

« Je suis plutôt bouddhiste, j'ai mon petit pendentif, je suis mieux dans cette philosophie-là... Mais j'ai toujours respecté les religions.

Jean-François a déjà un petit ami en ville. Ayant compris l'aversion de ses hôtes pour l'homosexualité, il mène cette double vie sans problème jusqu'au jour où il préfère rompre. Les choses tournent mal et son copain, pour se venger, décide d'aller voir sa famille d'accueil pour lui dévoiler l'orientation sexuelle de Jean-François.

– Comme je ne suis pas le genre à fuir, j'ai décidé d'y aller avant lui et de leur avouer moi-même.

« Deux heures plus tard, j'étais dans la rue. Ça a été le pire moment de ma vie.

« Au départ, je pensais qu'ils m'écouteraient un peu. Mais tout à coup, on s'est retrouvés dans un film américain. D'abord, ils ont rigolé. Comme je déconne souvent, ils ont cru que c'était une de mes blagues vaseuses. Mais au bout de deux minutes ils ont vu que je ne plaisantais pas parce que j'avais quand même un peu les larmes aux yeux.

« Et là, ça a été directement : “On ne veut pas de pédés chez nous... Tu es une honte... Ça peut se soigner... Alors, va te soigner ailleurs... TU N'ES PAS NORMAL !”

Bien sûr. Ce qui est normal, c'est de mettre à la rue un môme dont le seul tort est de ne pas correspondre à leur idéal. D'où leur vient cette certitude ? D'où tombent les ukazes ? Des préceptes religieux de tout bord, bien sûr, des adeptes du monacal et autres adorateurs de figurines, comme toujours ; leur croyance effrénée leur donnant tous les droits pour décider des critères de la normalité. Les forcenés du sacré agissent généralement au nom d'un quelconque Très-Haut ; tout comme ceux qui déclarent les guerres, ils ont toujours un Dieu sur l'épaule.

Ces moralisateurs érigent des barrages au nom de la vertu avec la conscience tranquille, certains de représenter le modèle idéal de la famille française. De quel droit piétinent-ils la liberté de suivre une inclination dictée par la nature, autrement dit par le Dieu qu'ils idolâtrent ? Dans les carcans d'une existence calibrée par des préceptes qu'ils pensent sacrés, au nom de la religion, ils font le mal au nom du bien sans le moindre état d'âme. Il me semblait pourtant que la France était un pays laïc. Je me fous de leur morale, la mienne me suffit et je reste persuadé qu'on n'a pas le droit d'empêcher des jeunes gens de vivre selon leurs désirs.

Lorsque j'étais gamin, dans les années 1940, mes parents ont eu le tort de divorcer. Et bien que fils de gens célèbres appartenant à la bourgeoisie locale, je me suis fait renvoyer du collège Sainte-Croix de Neuilly, parce que ma famille était un mauvais exemple. Aussi ai-je conservé une certaine aversion pour les injonctions liturgiques et, tout en respectant la foi des gens, vous ne m'en voudrez pas de n'avoir aucune estime pour ceux qui l'exploitent. Au nom d'une religion souvent mal comprise par ses fidèles et improprement utilisée par les membres de son clergé, certains doctrinaires jettent l'anathème sur des innocents sans se soucier des conséquences.

Ayant été élevé dans la religion catholique, j'en connais les qualités et je ne nie pas qu'il m'en reste de jolis souvenirs. Le silence des églises, le chant des orgues, le bruit des pas dans la neige sur le chemin de la messe de minuit, les bougies, l'odeur de l'encens et puis les belles histoires…

Jésus-Christ était sûrement un type formidable et il ne me viendrait pas à l'esprit d'oublier son message. Aussi j'aimerais bien que les « Du Guesclin » du puritanisme me corrigent si je fais erreur, mais n'a-t-il pas dit : « Aimez-vous les uns les autres », et non : « N'aimez que ceux que vous trouvez normaux » ? Et, d'ailleurs, qu'appellent-ils exactement la « normalité » ? Je n'arrive pas à admettre l'interdit et je refuserai toujours de subir les diktats des partisans de la tradition ou des religieux de tout bord. Comme par hasard, derrière le mot « tradition », on retrouve souvent la religion.

En attendant, ceux que Jean-François prenait pour des frères choisis se sont vite transformés en ennemis jurés.

— Je savais très bien qu'ils allaient mal le prendre. Mais pas à ce point-là. Dans ma famille d'accueil, la femme était veuve, seule avec ses deux fils. Je la considérais comme ma mère.

« Je l'appelais Hélène. Elle était vachement stricte. Ses enfants, c'étaient comme mes frères.

« Avec Hélène, on avait un rapport très fort, je l'aimais, elle m'aimait, on était capables de beaucoup l'un pour l'autre. Par exemple, le jour où elle a appris qu'elle avait un cancer, j'ai arrêté d'aller à l'école pendant trois semaines, et je suis resté avec elle. Je faisais venir les cours chez moi, je ne bougeais pas de sa chambre parce qu'elle ne pouvait plus sortir, elle n'en avait pas la force.

« Mais ce jour-là, dès que je lui ai dit que j'étais gay, j'ai eu l'impression qu'il n'y avait plus d'amour.

« Dans l'instant, elle m'a rejeté. C'était tellement irréel…

« J'avais l'impression de rêver, un vrai cauchemar.

Jacques Brel chantait : « Chez ces gens-là… », chez les intégristes de la société normative, oser prendre un chemin de traverse est impensable, sacrilège, à la limite du païen.

Comme le souligne Frédéric Gal : « Souvent, notre plus gros souci, c'est le poids de la religion ; catholique, musulman, hindou, juif, on a eu toutes les religions, même un témoin de Jéhovah. On a eu un jeune de la Martinique, lorsqu'il a avoué son homosexualité à sa mère, elle l'a envoyé chez un exorciste qui lui a égorgé un poulet au-dessus de la tête. Alors là vous voyez, il y a du chemin à faire. Souvent le problème ce n'est pas la construction de l'éducation de l'enfant, mais celui de la déconstruction de l'éducation des parents. »

Comme cette mère, qui, révoltée par l'homosexualité de son fils, l'emmène aussi sec chez un prêtre pour le faire exorciser. Celui-ci lui met de l'huile sur la tête et, à la fin de ses manipulations, lui demande si ça va mieux.

— Mes frères m'ont frappé et insulté de tous les noms, continue Jean-François, je me suis pris quatre ou cinq claques dans la gueule. Je ne réagissais pas. Dès que quelqu'un crie, je n'arrive pas à parler. Mon enfance n'a pas été très drôle, je pense que ça a joué. Quand c'est violent, je suis bloqué. Ça a dû les énerver, et ils pensaient peut-être qu'en me frappant j'allais réagir. C'était encore pire, j'étais tétanisé. Ça montait, ça montait, jusqu'au moment où ils m'ont crié : « Tu dégages ! »

« Hélène m'a dit : “On ne peut pas te garder, on a une bonne réputation dans le faubourg, tu imagines si ça se sait, c'est la honte...”

« On était à côté d'Angers, un quartier où

tout le monde se connaît. Le père était mort, cette famille était très respectée de tous. En plus, ils ne comprenaient rien à l'homosexualité.

« À la télé, les homos, c'est la Gay Pride, les plumes dans le cul, des histoires un peu glauques, des séries télé où ils sont ridicules, toujours des images négatives. Ça n'arrange rien. Chaque fois que je les voyais regarder ce genre de choses, il y avait des commentaires du type : "Sale pédé, mon Dieu, ça ne devrait pas exister..." Que des insultes. Même de la part d'Hélène, une femme pourtant très bien d'apparence, mais sur certains sujets, elle était intraitable, les Arabes, les homosexuels...

Pour les juifs et les Noirs, il semblerait que tout espoir n'est pas perdu. Je respire.

Durant l'élaboration de ce livre, je buterai plusieurs fois sur le problème de la Gay Pride. Beaucoup des homos ou de ceux qui les tiennent en sympathie sont profondément contre cette manifestation, trouvant déplorable l'image qui en ressort. S'il est vrai que tous les ans, dans la ribambelle de chariots parcourant les villes, les exagérations spectaculaires des adeptes de *La Cage aux folles* peuvent choquer certains, je persiste à croire à l'utilité de cette affirmation collective.

Le fait que des hommes politiques comme Bertrand Delanoë, le maire de Paris, défilent avec eux est une avancée incroyable lorsque l'on réalise qu'il y a à peine trente ans, une telle franchise eût été on ne peut plus périlleuse, voire suicidaire. Et à vrai dire, même aujourd'hui, il ne faut pas manquer de cran.

C'est ce qu'on pourrait appeler le principe du ver de terre.

La tête avance et le corps suit. En choquant le bourgeois à coups de gestuelles caricaturales et de plumages multicolores dignes du carnaval de Rio, ces artistes d'un jour, chantres de l'homosexualité triomphante, font avancer les choses en allant justement trop loin. Et c'est grâce à ces excès-là que, lentement, les mentalités évoluent et que les pensées figées lorgnent vers les idées nouvelles.

Hélas ! si j'en juge par le récit de Jean-François, on est encore loin du compte.

— Les fils d'Hélène m'ont dit que leur mère ayant un cancer, on n'avait pas besoin de lui rajouter des histoires de pédé sur le dos. Ils ont réuni mes affaires les moins chères. Ça m'a fait rire après coup, quand j'étais dans la rue. La première chose à laquelle j'ai pensé, c'était de revendre mes fringues pour gagner un peu d'argent. J'ai regardé dans le sac, ils avaient conservé les vêtements qui avaient de la valeur. Je me demande ce qu'ils en ont fait.

« Mes frères m'ont emmené en voiture jusqu'au centre d'Angers, là, ils m'ont déposé en me disant : "Tu retournes une seule fois chez notre mère, on te défonce, on te tue." Sur le coup, je n'ai pas trop compris. Au moment où je me suis retrouvé dans la rue avec mes deux sacs-poubelles sans savoir où dormir, ça a été un vrai choc.

Sept heures du soir en hiver, c'est le début du journal de FR3, les télés s'allument, les portes se ferment, c'est l'heure de préparer la soupe.

Un garçon de dix-huit ans traînant deux sacs-poubelles marche dans les rues d'Angers à la recherche d'un abri.

S'approchant de la sortie d'un parking, il aperçoit des ombres et les points rouges des cigarettes de quelques SDF en train de s'engueuler. Il n'ose approcher. Ces gens qu'il a toujours croisés sans vraiment les voir lui font peur tout à coup. Pour la première fois de sa vie, il réalise à quel point les endroits accueillants sont rares sur les trottoirs d'une ville. De plus, il craint de rencontrer un ami, une connaissance.

Au bout de plusieurs heures de déambulation incertaine, Jean-François finit par s'asseoir contre la vitrine d'un supermarché.

Après avoir enfilé trois pulls pour lutter contre le froid, il sort son portable et le regarde sans l'allumer, de toute manière la batterie est à plat. Et puis, qui appeler ?

— Je suis resté presque trois mois à la rue. Au début j'étais complètement paumé, je ne mangeais pas, je dormais dehors, où je pouvais, sur un banc, là où il y avait le moins de monde possible. Il y a vraiment deux univers : celui dans lequel vous vivez, et celui de la rue.

« Au départ, je me suis fait marcher dessus par les autres. Quand les gars de la rue voient un petit pédé qui se ramène avec ses jeans moulés, ses chaussures de ville, en train de faire la manche, ils n'y croient pas, ils ont l'impression que c'est du foutage de gueule.

« Ils viennent te voir en disant : "Qu'est-ce que tu fous là ?", genre : "Nous, on est dans la galère, pas toi."

« Ils avaient dû me croiser dans les magasins de la ville, ils pensaient que j'étais dans la rue pour m'amuser.

« Au début, ils m'ont volé des fringues et racketté le peu de thunes que j'avais, jusqu'à ce que l'un d'eux s'intéresse à moi. Quand ils ont entendu mon histoire, il y a eu une solidarité que je ne rencontrerai certainement plus jamais dans ma vie.

On pourrait penser que le milieu des gens de la rue n'est pas l'école de la philanthropie et pourtant, quand Jean-François est démuni, ce sont eux qui font en sorte de l'aider en lui donnant du pain ou à boire.

Comme il reste dans son coin, préférant dormir seul, ils viennent le voir pour lui demander s'il a besoin de quelque chose, ils lui proposent de passer l'après-midi ou la soirée avec eux.

– La plupart, c'était des tox de trente-quarante ans en moyenne. Il y avait des jeunes de mon âge qui faisaient beaucoup plus vieux à cause des drogues qu'ils prenaient.

« On se fout pas mal de la gueule des clochards, on croit que ce sont des comiques qui ne connaissent rien de la vie, mais ils ont vu des choses, tu te demandes si c'est vrai tellement c'est énorme. Ils ont un regard sur le monde complètement différent du nôtre et il faut passer par là pour comprendre. Au début, quand ils me crachaient dessus, je pensais que c'était de l'homophobie, mais pas du tout, ils s'en foutaient complètement. La seule plaisanterie, c'était : "Tant que tu nous dragues pas, ça va."

« Ce sont des gens très tolérants. En tout cas, ceux que j'ai rencontrés...

Passer d'un cocon familial même illusoire à la rue n'a rien d'une sinécure. Tôt ou tard, on rencontre des inconnus, de ceux qui traînent à la recherche d'une aventure. La prostitution n'est pas loin. Comment un garçon de cet âge saute-t-il le pas ?

— Au départ, j'ai commencé à faire le trottoir parce que j'avais besoin d'argent, une question de survie, quoi. Et après, je l'ai fait parce que j'aimais ça. Quand on touche à l'argent facile, on oublie très vite l'estime de soi.

« Déjà, quand j'étais dans ma famille d'accueil, j'étais "accompagnateur". On couche un peu si le mec rajoute beaucoup d'argent. J'avais un pote qui était escorte avant moi, donc je connaissais un peu le milieu. L'escorte, ce n'est pas la prostitution. Beaucoup de gens mélangent tout, la prostitution, on n'est là que pour le sexe. L'escorting, on est là pour la personne, elle nous prend tel qu'on est, il y a des discussions.

« Une pute ne voyage pas dans des endroits paradisiaques, on ne lui offre pas des sacs Dolce & Gabbana. Il y a une semaine on m'a donné une chemise Jean-Paul Gaultier super chère.

« Ça m'arrive de coucher pour ça. Mais c'est différent parce qu'il y a une relation entre eux et moi, c'est psychologique, ils me comprennent, je les comprends, il y a beaucoup de choses qui se passent entre nous. Évidemment, au niveau de la loi, c'est une forme de prostitution, mais, à mes yeux, pas du tout.

« Dans la rue, vu ma situation, je ne pouvais pas me présenter à un boulot. Faut voir comment j'étais habillé, je n'avais rien, j'étais dépouillé, en plus j'étais souvent crade.

« Bref, le trottoir, c'était la meilleure solution pour m'en sortir, il n'y a que comme ça qu'on peut se faire autant d'argent. Pendant une semaine, tu peux ne rien gagner, et en trois jours tu ramasses ce qu'un smicard gagne en un mois.

« Quand j'ai commencé à gagner de l'argent, j'allais de temps en temps dans un hôtel pour me laver, dormir un peu.

« À part ça, je faisais vachement gaffe. Je n'ai pas le sida ni aucune maladie sexuellement transmissible, je fais mes tests tous les mois. C'est devenu presque une obsession. Je me protège tout le temps.

Le soir, le long d'une grande route, les putes attendent le client, filles et garçons mélangés.

Il y a peu de lumière, seuls les phares des voitures de passage allument un instant des visages maquillés et des corps dénudés. Non loin de là, mais pas trop près quand même, Jean-François se tient en retrait, dans un coin. Il évite les regards de ses nouveaux collègues. Il n'est pas loin d'avoir honte, et en réalité ils lui font un peu peur.

— Ce sont des gens très extravagants, très vulgaires. Je faisais la pute, mais j'essayais d'avoir un minimum de classe ou de savoir-vivre ; les gens se demandaient pourquoi j'étais là alors que je parlais très poliment, très gentiment.

« Tandis que les putes, c'est plutôt : “Baise-moi, prends-moi à quatre pattes”… Moi, c'était pas trop mon truc. Indirectement, je cherchais de l'amour.

« Des fois, on tombe sur des gros, qui sont moches, qui sont cons, qui te prennent pour la pire des putes. Mais quand tu as terminé, ils veulent que tu restes dans leurs bras. Certains m'ont dit : “Tu veux pas rester dix minutes de plus ? Si tu veux, je te paie, mais reste avec moi.” À ce moment-là, tu as l'impression d'être aimé, et le mec aussi a l'impression d'être aimé, je sortais de là assez content, en me disant quelqu'un m'apprécie, alors qu'en fait…

« Quand je suis arrivé au Refuge, j'étais complètement drogué. Dans les soirées, pendant que les gens buvaient de l'alcool, moi, je prenais de l'ecsta. J'ai commencé dans la rue avec les clochards. Je suis tombé de quarante étages en deux secondes, je n'ai pas vu le truc arriver. Au début, ils te proposent et tu achètes. Pourtant, ils sont solidaires pour plein de choses, mais ils veulent tellement gagner de l'argent, ils ne voient pas le mal qu'ils font, ils sont dans leur délire, alors tu les suis.

« Je pense que j'en avais besoin. Je n'aurais pas eu ça, je ne serais pas là aujourd'hui. Je me serais tiré une balle entre les deux yeux.

Le suicide, Jean-François fait plus qu'y penser. Il essaiera une bonne dizaine de fois de mettre fin à ses jours en absorbant tous les médicaments qui se trouvent à sa portée.

Si l'on suit le raisonnement de Benoît de Baecque, le psy du Refuge à Paris : « Les idées suicidaires de Jean-François ressemblent à un ultime effort pour se représenter ce qu'il est pour l'autre, et se projeter narcissiquement dans un avenir improbable, où il pourrait fantasmatiquement expérimenter sa propre survie en imaginant la réaction des autres. De façon omnipotente, le suicidant colonise ainsi dans l'imaginaire "la mémoire de ceux qui restent". »

— J'avais beau crier, personne ne m'entendait. Le nombre de fois où j'ai été à fond de drogue, d'alcool, de médicaments, à fond de tout en espérant y passer... Le lendemain matin, j'étais vivant, j'avais la haine. Je ne suis jamais arrivé à me tuer comme ça, pourtant, je pensais que c'était la meilleure des morts.

Dans l'un de ses livres (*L'Adolescent suicidaire*), Xavier Pommereau, psychiatre spécialisé dans la prise en charge des troubles psychiques à l'adolescence, donne l'étymologie du mot « suicide ». L'expression latine *sui caedere* est utilisée en français sous une forme doublement réfléchie : « se suicider », c'est « se tuer soi, soi-même », comme si, finalement, le « suicide » était toujours le meurtre d'un autre, à l'intérieur de soi.

– Et puis, un jour, j'étais tellement mal, j'ai eu besoin de savoir si c'était arrivé à d'autres, si je n'étais pas le seul. Dans un cybercafé, je me suis connecté sur Internet, j'ai tapé « association homosexuels », et je suis tombé sur Le Refuge. J'ai envoyé un message et vingt minutes après, je recevais un mail de Nicolas, le directeur, qui voulait savoir ce qui m'arrivait. Il a pris mon numéro de téléphone et en l'espace d'un mois, on s'est envoyé une quarantaine de mails. Tous les jours, j'allais au cybercafé et je passais mon temps à lui écrire. Nico m'avait dit : « On n'a pas de place au Refuge, mais si tu es vraiment dans la merde, on peut te trouver une solution, je n'aime pas savoir que tu fais le trottoir. »

« Au départ, j'ai refusé, je n'avais pas confiance en lui, je n'arrivais pas à croire qu'on ait envie de m'aider après tout ce que j'avais vécu. Et un jour, je n'en pouvais plus de ne pas savoir où j'allais dormir, de chercher à manger, j'étais vraiment au fond, je l'ai appelé au secours ; trois jours plus tard, j'étais au Refuge.

« C'était deux mois avant Noël, j'avais dix-huit ans.

Dans son genre, Jean-François est une sorte de héros. Viré d'abord par ses parents, il est ensuite jeté à la rue par sa famille d'accueil. Banni parce qu'il a le tort d'être différent. Différent de qui ? Des autres, des gens, de nous ?

Comment les adultes peuvent-ils à ce point avoir oublié la fragilité de leur propre adolescence ?

Plusieurs études montrent que les jeunes homosexuels ont beaucoup plus de risques de faire une tentative de suicide que les jeunes hétéros.

Comme le dit l'un des psys du Refuge, Benoît de Baecque : « La censure pesant sur le suicide des jeunes homosexuels redouble peut-être le sentiment que ceux-ci n'existent pas... ou ne devraient pas exister. »

— Aujourd'hui, j'ai l'impression de devoir quelque chose aux gens du Refuge, c'est bien les seuls. Tant pis pour ceux qui liront sans me comprendre, mais pour moi, la confiance, ça n'existe plus. Même mon copain, je l'aime, mais je n'ai pas confiance en lui. L'appartement où je suis, ce n'est pas chez lui, c'est chez moi. Je dis souvent chez nous, mais en fait c'est chez moi. C'est une garantie, parce que le jour où il veut arrêter, c'est : « Tu dégages. »

« Ça fait très mal au cœur à mon mec, mais on n'achète jamais rien ensemble. La télé par exemple, il aurait pu mettre deux cents euros mais je lui ai dit non. Je l'achète, c'est à moi. Le jour où c'est fini, je pars avec mes affaires. J'ai vécu le dénuement total, alors, je suis devenu très matérialiste et très méfiant.

« Mais si je n'avais pas vécu tout ça, je ne pourrais pas voir le monde tel qu'il est, et je pense que je serais resté cet adolescent rêveur se disant : “Un jour, je serai une star”, etc.

« Maintenant, je vois les choses telles qu'elles sont, je fais mon chemin, mais j'aurai toujours la honte de penser qu'à une époque j'ai fait la pute.

« Ma famille ne me manque pas du tout, la biologique ou l'autre. Je considère que je n'en ai plus.

« Au Refuge, il y a l'amitié, et l'amitié, c'est de l'amour.

QUE DIEU LEUR ENVOIE LE SIDA

Hassan a l'air d'un jeune Parisien. Sa façon de s'habiller traduit l'envie de se couler dans la masse, à croire que son rêve serait qu'on ne le remarque pas. Sa famille vient du Maroc, mais lui est né à Paris. Il a vingt ans, il est le cadet de deux sœurs et il est musulman. S'il est parti de chez sa mère à l'âge de dix-huit ans, c'est parce qu'elle ne supportait pas l'idée même de l'homosexualité. Ses convictions religieuses et son obsession de la tradition la conduisaient à renier ce garçon dont elle attendait qu'il prenne le rôle de l'homme de la famille, surtout depuis un divorce dont elle ne se remet pas.

— Depuis toujours, je sais que je suis homosexuel. Ce n'est pas un choix. Je ne me suis pas dit un jour : « Tiens, je vais être gay. » Et je sais aussi depuis longtemps que chez moi, c'est très mal vu... J'ai vite compris que je devais le cacher. Avec ma mère, dans ma famille, la norme, c'est l'hétérosexualité, un homme, une femme, point.

« À la télé, quand on voyait des gays, j'entendais "Que Dieu leur envoie le sida", et moi, je me faisais tout petit sur le canapé…

Depuis toujours, Hassan a une alliée dans la famille, sa sœur Emma, et, bien qu'elle soit très proche de lui, il n'a jamais osé lui parler de son homosexualité. Et puis un jour, à l'âge de seize ans, il tombe fou d'amour pour un garçon de sa classe. Envahi par l'envie de partager ce bonheur qui le dépasse, il se confie à elle, certain qu'elle va le comprendre.

— Je pensais que ma sœur et moi avions la même culture, la même ouverture d'esprit. En fait, elle est homophobe, pire encore que ma mère. Elle a eu une réaction… atroce. Elle m'a forcé à quitter ce garçon. Ensuite, elle s'est précipitée pour le dire à ma mère. Jamais je n'aurais pu imaginer une chose pareille, elles m'ont menacé de mort : « Tu peux être n'importe où en France, on te retrouvera et on te tuera. Si tu redeviens homo, t'es mort. » Voilà ce qu'elles m'ont dit. Ma mère préférerait me savoir mort que vivant et homosexuel. Elle aurait pu mettre ses menaces à exécution et me tuer pour de vrai. Elle m'a donné la vie, pourquoi ne pas la reprendre ?

Cette phrase suscite en moi des envies de cogner, mais je ne sais pas sur quoi. Moi qui croyais avoir assisté à l'émergence de toutes les libertés... À quoi m'aura servi d'avoir été le témoin privilégié des Beatles révolutionnant la planète, d'avoir regardé Mick Jagger inventant l'insolence pour plusieurs générations, de suivre Bob Dylan hurlant ses protestations ? Et la libération sexuelle, et la Nouvelle Vague, et Woodstock, et le MLF, et Mai 68 dont on nous rebat les oreilles ? Tout ça pour me retrouver, à soixante-dix ans, désarmé devant le discours d'un jeune, qui aime un garçon et qui a peur...

— Dans les yeux de ma mère, il y avait tellement de haine que je sais qu'elle aurait préféré se retrouver en taule plutôt que de me savoir homo. Avec le recul, je pense que c'est moins une question de religion que de valeurs. Comme dans beaucoup de familles maghrébines, musulmanes, les valeurs sont importantes, et celle de la famille en particulier. C'est un pilier. Le fait que je ne puisse pas me marier, pour ma mère, c'était insupportable.

Dans sa chambre, Hassan tourne en rond et se regarde dans son miroir pendant des heures, au point que parfois il ne se reconnaît même plus. Il a le sentiment d'être une erreur de la nature, rien d'un être humain. À force de le fixer, son miroir lui renvoie autant la haine de lui-même que de sa famille : « Ce sont mes parents, forcément, ils m'aiment, mais ils ne m'acceptent pas comme je suis, alors, comment devrais-je être ? »

Pendant des mois, Hassan va lutter pour tenter de faire comprendre à sa mère que pour lui, être gay n'est pas un choix, mais une évidence. Rien n'y fait, à partir de cet instant sa vie va devenir un enfer. Il est constamment fliqué. À la maison, elle confisque son portable et son ordinateur. Interdiction de communiquer avec l'extérieur. S'il a le malheur d'utiliser la ligne fixe, sa mère écoute ses conversations à côté de lui. Elle le traîne de force chez un psy pour le soigner de ce qu'elle considère comme une maladie, une abomination, « une des sept plaies d'Égypte » selon elle, encore pire que le sida ou le cancer. Toute son énergie est consacrée à le « guérir ». Ce traitement va durer deux ans. Pour elle, être gay, c'est un crime, encore pire que fumer, boire ou manger du porc.

— Elle m'a inculqué ça avec tellement de force que du coup, cloper par exemple est impossible pour moi, j'ai l'impression de commettre un acte horrible ! J'en suis incapable ! Pour l'homosexualité, je n'ai pas le choix, je suis comme ça...

« Pendant longtemps, ma vie sentimentale et sexuelle a été un désert total. Au collège, j'étais timide, réservé. Je passais pour l'intello bizarre, même au lycée, j'étais dans une bulle. Pour réduire les risques, je ne parlais plus jamais d'homosexualité. J'ai choisi le silence parce que je ne voulais pas perdre les gens que j'aimais. Même avec ma meilleure amie, je jouais à l'homophobe. À mon père, je n'ai rien dit par peur qu'il n'en parle à ma mère et que cela ne réactive sa souffrance. Elle était déjà assez assommée comme ça. Non seulement ma sœur avait quitté la maison sans se marier, mais moi, j'étais gay ! Son divorce l'avait bouleversée, elle était complètement écroulée. Elle s'isolait... Elle ne prenait plus soin d'elle, elle passait son temps devant la télé. Je la voyais mourir devant mes yeux et c'était affreux pour moi, car j'adore ma mère.

Pour tenter de l'aider, Hassan va même jusqu'à emmener sa mère dans une association afin qu'elle puisse s'ouvrir, se délivrer de ce poids. Voilà donc un garçon de dix-sept ans plus adulte que sa mère par la force des choses. En la prenant par la main, il renverse les rôles.

– Elle en parlait à toute la famille, de mon homosexualité, jusqu'au Maroc, à ses sœurs, et tout le monde lui disait : « Ça va passer ! » Elle y croyait, elle voulait me transformer. J'avais l'impression de ne plus avoir d'identité, c'était affreux. Je n'avais plus d'équilibre, je me faisais du mal, je ne voulais plus manger. L'ambiance à la maison était abominable. Quand elle m'a à nouveau menacé de mort, je suis parti en pleurant. J'ai appelé « Jeunes Violences Écoute » d'une cabine téléphonique. Ils m'ont beaucoup aidé. J'ai vu des psys, j'ai fait un bilan de compétence, ils m'ont trouvé un hébergement. Et j'ai quitté ma mère.

Trois semaines en hôtel, puis, de foyer en foyer, Hassan s'est retrouvé au Refuge, à

Montpellier. Aujourd'hui, il va mieux. Avec l'aide de l'association, il a trouvé un CDI dans une entreprise. Il s'assume, il fait son chemin. Mais lorsqu'il voit sa mère il ne parle jamais de sa vie sentimentale ou sexuelle. Parfois, lorsqu'elle insiste un peu trop, il lui fait croire qu'il vit en couple avec une fille, ça la rassure.

— J'imagine que c'est pareil dans toutes les familles maghrébines. Quand je vivais avec un garçon et que ma mère m'appelait au téléphone, je disais à mon ami de se taire, de ne plus dire un mot. Aujourd'hui, je fais croire à ma mère qu'elle a réussi à me rendre hétéro à force de me fliquer et de m'envoyer chez le psy.

« Parfois, quand même, elle a des doutes. Alors elle me demande : “T'es sûre que tu ne vis pas avec un garçon ?” Dans ses yeux, à ces moments-là, je lis une peur immense, sans limites... Alors, je la rassure, je lui dis : “Mais non, maman, ne t'inquiète pas.”

« Elle n'est pas dupe, évidemment. Entre nous règne une sorte d'hypocrisie, c'est mieux comme ça. Je préférerais vraiment être hétéro qu'homo.

SI J'AI UN FILS PÉDÉ, JE L'ENTERRE VIVANT...

Aujourd'hui, Jimmy a dix-neuf ans. Sa coiffure porc-épic et son tee-shirt transparent dénotent un certain souci du style, le garçon ne s'habille pas dans le noir. Ses yeux bleus vous regardent par en dessous, un peu à la manière des acteurs américains de l'Actor's Studio des années 1950.

– J'ai été attiré par les garçons très tôt. Je m'en souviens exactement, j'avais huit ans, c'était à cause d'un prof de gym, c'est le jour où j'ai eu ma première érection. J'ai une bonne mémoire pour ces choses-là. Ma première érection, oh ! c'était génial, même si je ne savais pas bien ce qui m'arrivait ni par quoi c'était provoqué. J'ai vraiment réalisé que j'étais homo à l'âge de quinze ans. Mon premier petit ami s'appelait Alain, on s'est connus au lycée, en Corrèze. On pensait que nos copains seraient capables de nous comprendre et d'accepter ce qu'on était. Alors on avait décidé de s'assumer. On s'est dit : « On est comme tout le monde », aussi simple que ça. On n'avait pas pensé à toutes les conséquences.

« On ne s'y attendait pas, mais beaucoup de gens ont très mal réagi. Généralement, quand on marchait dans les couloirs, tous ils s'écartaient : "Faites gaffe, voilà les tapettes, les pédés…", des trucs dans le genre.

« Du coup, l'infirmière scolaire nous a proposé de faire le tour des classes pour expliquer qu'on était comme tout le monde, pour parler avec eux de l'homosexualité, leur montrer qu'on n'était pas différents, qu'on continuait nos études, qu'on était juste amoureux. Elle était vraiment bien cette infirmière. Mais les professeurs se sont mis ensemble pour tuer le projet et il n'a jamais abouti, on n'a jamais fait le tour pour leur expliquer.

Étrangement, ce qui insupporte les professeurs, c'est de voir ce môme assumer complètement sa condition, comme si son assurance remettait en question leur autorité.

Il faut dire que Jimmy n'y va pas par quatre chemins et n'hésite pas à s'afficher avec Alain. Ce faisant, il fait preuve d'un courage étonnant ou d'une redoutable inconscience, car dire ou ne pas dire est la grande question pour nombre d'adolescents concernés par l'homosexualité. En effet, ainsi que l'écrit le sociologue Didier Eribon, élève de Michel Foucault, dans sa réflexion historique, le problème n'est pas l'homosexualité en soi, bien sûr, mais l'« aveu » de l'homosexualité, comme d'un crime dont on se serait rendu coupable.

Les professeurs refusent donc à ces deux adolescents le droit de se montrer et interdisent formellement à Jimmy et à Alain de s'embrasser ou de se tenir la main comme tous les autres, sous prétexte que ça pourrait choquer, ou poser des problèmes avec les parents. Pourtant, une circulaire du ministre de l'Éducation nationale en date du 4 avril 2008 insiste sur la nécessité de lutter contre toutes les violences et toutes les discriminations, notamment l'homophobie. On dit que le rôle des profs est de sensibiliser les élèves, mais apparemment il faudrait aussi sensibiliser les adultes.

— Parmi les profs, y en avait même des verts de rage. À la base, ils étaient là pour nous aider dans nos études, et moi on était en train de me détruire.

« Je ne comprenais pas. Je me suis mis à fumer de la drogue. Je devenais agressif, je commençais à m'engueuler avec les gens. J'étais un peu perdu, je voyais tout en noir. Du coup, avec les profs, ça se passait de plus en plus mal. Un jour, j'ai été convoqué chez le proviseur. J'ai passé une heure dans son bureau, il a insisté pour savoir pourquoi je n'aimais pas l'internat, il insistait, il insistait, et je ne sais pas pourquoi je lui ai sorti : "C'est parce que j'adore sucer les queues, monsieur."

« Je l'ai dit assez violemment... Je ne savais pas quoi dire. C'est sorti comme ça. Je n'ai pas cherché à comprendre, c'est sorti.

Évidemment, me direz-vous, la phrase n'était sans doute pas des plus adroites. Mais la gêne engendrée par sa situation, le regard des autres, les mensonges forcés, toute cette pression le conduit à sortir exactement ce qu'il ne faut pas, un peu à la manière d'Antoine Doisnel dans *Baisers volés*, le film de Truffaut, lorsque rouge de honte, il dit « Merci, monsieur » à la femme qu'il aime. D'accord, le dialogue change un peu, mais pour moi l'émotion est la même. Émotion due à l'injustice de se retrouver dans le rôle de l'élément perturbateur uniquement parce qu'il n'est pas « comme les autres ».

— Le proviseur voulait me faire passer en conseil de discipline et me virer. Il m'a dit : « Ce serait mieux que tu écrives une lettre de démission. Tu la signes tout de suite, parce qu'une tache noire comme celle-là ne t'aidera pas à te réinscrire dans une autre école. Si tu fais une lettre de démission, tu pourras toujours trouver une excuse, tes parents diront que tu avais des soucis. Ça fera mieux dans ton dossier scolaire. »

Aussitôt la lettre signée, Jimmy est renvoyé.

Il n'a plus le choix, il sait maintenant qu'il va devoir tout dire à sa mère. En soi le renvoi du lycée est une épreuve pénible, mais son motif – du moins celui qu'il soupçonne – est autrement plus difficile à avouer. Sa mère se doute-t-elle de quelque chose ?

Il n'en a aucune idée et c'est avec appréhension qu'il l'appelle du bureau du proviseur.

— Je suis parti du lycée, je pleurais sur la route quand elle est venue me chercher. Je ne voulais pas monter dans la voiture, j'avais peur.

« C'est vrai qu'au début, elle était vraiment ébranlée. Après, elle a très bien compris. Aussitôt, elle a appelé toute la famille, tout le monde. Elle avait l'air d'accepter que je sois homo.

Commence alors pour sa mère une période on ne peut plus stressante. D'une part, elle soutient son fils en lui montrant qu'elle ne le juge pas. Lorsque Jimmy invite son copain à la maison, elle s'arrange pour le cacher afin que son père ne se pose pas de questions.

D'autre part, si ce dernier trouve étrange l'allure de l'ami de son fils, elle le rassure tant bien que mal : « Mais non, tu vois bien que ce sont des amis, des bons copains, c'est tout. »

Pour elle, le plus angoissant, c'est cette lettre de démission, la tache qui va poursuivre Jimmy dans son dossier scolaire. D'abord vis-à-vis de son mari, et surtout, comment le protéger pour la suite de ses études ? Pour elle, ses enfants passent avant tout.

– Du côté de la famille d'Alain, les choses étaient plus cool. En classe aussi, parce qu'il n'était pas dans la même section que moi. Il était en littéraire, j'étais en technique, dans le bâtiment des CAP, BEP. Lui, il était dans le bâtiment général, là, les gens acceptaient mieux la chose, parce que c'étaient des intellectuels, plus ouverts d'esprit, donc pour lui ça se passait mieux.

« Avec les filles de ma classe, je n'avais pas trop de problèmes. Les garçons n'étaient pas tous sympas, surtout un qui a fait quelque chose qui ne m'a pas beaucoup plu.

« Avec un groupe d'amis à lui, ils nous ont attendus, mon copain et moi, en dehors du lycée avec un couteau.

« Pas de chance pour eux, ma mère était juste devant, sur le parking. Ils ont pris la fuite. Parce qu'elle a une grande gueule, ma mère, elle peut crier très fort. Après ça, pendant une semaine, moi et mon copain on n'a plus voulu aller au lycée. On était quand même choqués. On avait vu le couteau. Ma mère aussi. Mais elle, elle n'a pas eu peur. Son fils, c'est son fils, il ne faut pas y toucher. Peut-être que dans une grande ville, ça ne se serait pas passé comme ça. Là, c'est vraiment la campagne, un petit village.

« Même si les jeunes ont la télé, c'est l'éducation des parents qui fait tout. Si, à longueur de journée, un gosse entend ses parents dire :

“Ces pédés, qu’est-ce qu’ils nous font chier”, ça va le marquer et, en Corrèze, ce n’est pas près de changer. Quand il y avait la fête au village, c’était organisé par des jeunes, mais jamais ils ne m’invitaient.

« Depuis que je suis petit, dans les soirées ou les fêtes, j’entends mon père dire : “Si j’ai un fils pédé, je l’enterre vivant.” Je me suis dit : le père, c’est bon, tu peux l’effacer de ta mémoire.

« C’est pour ça que plus tard, ma mère a voulu divorcer, parce qu’elle aussi l’entendait. Elle a eu peur qu’il ne mette sa menace à exécution.

Un jour qu’il rentre de l’école, Jimmy est dépassé par son père en train de courir vers la maison en hurlant à la ronde : « Vous commencez à me casser les couilles dans cette famille, vous n’êtes qu’une bande de cons, je vais me pendre… » Il voit sa mère affolée refermer la porte d’entrée comme si elle craignait de se faire cogner. Depuis quelque temps, elle a peur pour elle et les enfants.

Par fierté, son homme ne dit jamais rien de son nouveau travail mais elle voit bien qu’il est malheureux, qu’il n’est pas dans un état normal. Jimmy lâche son cartable et le suit en criant : « Papa, papa, arrête... »

Mais ce dernier ne l'écoute pas et fonce dans la remise en refermant la porte. Sa mère a beau tambouriner, il n'ouvre pas. Lorsqu'elle demande à Jimmy de monter sur un bidon pour regarder par la fenêtre, celui-ci lui déclare calmement : « Il est en train de se pendre ! » Sa mère court vers la cuisine et revient avec un énorme couteau.

C'est ainsi que Jimmy, du haut de ses quinze ans, va aider sa mère à couper la corde pour sauver de justesse son père d'une mort épouvantable.

Le soir, pendant que sa mère s'occupe des autres enfants, Jimmy traîne dans les rues du village, comme d'habitude. Et comme d'habitude, il ne se passe rien.

Personne ne lui prête attention, à part les chiens qui gardent les pavillons. Il va jusqu'au Café des Sports guetter de loin les jeunes du village s'agiter derrière les vitres embuées.

Ils doivent regarder un match de foot à la télé, on entend leurs cris. Jimmy sait qu'il est inutile d'entrer pour affronter de nouveau le silence pesant qui s'installe dès qu'il apparaît. Pourtant, ce soir, il aurait bien aimé parler à quelqu'un.

Mais on lui a fait promettre de ne rien dire du drame familial, alors, Jimmy va vers la voie ferrée sur laquelle aucun train ne roule plus depuis longtemps et, comme d'habitude, il regarde les herbes hautes qui poussent entre les rails.

Les crises se succèdent et, pour Jimmy, il est pénible de sentir qu'il est un prétexte à conflit entre ses parents.

– Vu que j'ai horreur des engueulades, je me mettais dans ma bulle pour me protéger. Généralement, je ne disais rien, je venais à table, je mangeais, je faisais mon truc, et je retournais devant mon ordi. Là, je pouvais parler avec des gens, il n'y avait que là que j'étais moi-même. C'était mon seul moyen d'évasion, vous savez, c'était un petit bled, y avait peu d'habitants, pas de voitures, rien…

« Devant mon ordi, là, je pouvais parler avec des gens. » Jimmy ne peut pas communiquer avec sa famille, mais, devant sa machine, il ne se sent pas seul. En ce sens, il est bien représentatif de son époque.

« My Space » et « Twitter » plus forts que papa et maman.

Un jour où sa mère menace son mari de divorcer, elle lui dit : « De toute façon, je ne reviendrai pas parce que ton fils, il est homosexuel, et je sais que tu ne l'accepteras pas. » Il lui répond : « Si, je vais l'accepter, c'est mon fils, je vais l'accepter », etc.

Bien sûr, il n'en était rien. Il jouait la compréhension dans le seul but de garder sa femme. Son aversion pour la condition de son fils était évidente.

— Par exemple, mon grand frère, mon père lui a toujours donné un coup de main. Et pourtant, il se drogue, mais il l'aidait dans ses projets, il lui prêtait de l'argent.

« Ma petite sœur, pareil. Je n'en veux pas à mes parents, ils font ce qu'ils peuvent. Mais moi, j'aurais voulu faire des études normales et ils n'ont pas voulu m'aider à les financer.

« En plus, en français, je suis dyslexique, ils n'ont pas voulu me faire soigner pour ça. Et puis, mon père ne m'a jamais dit un mot gentil.

Comment écrire ce livre sans entendre la version des parents ? N'étant ni psy ni journaliste, je préfère en rester à la version des enfants ; après tout, mon but est de leur donner la parole à eux. Pourtant, père moi-même, je pourrais sûrement tenter d'entendre leurs parents.

Je ne cherche pas à faire le malin, qu'on ait envie d'un autre homme m'est aussi étranger qu'à eux, et je ne peux pas dire que le spectacle de deux garçons qui s'embrassent me mette vraiment à l'aise. Et puis, loin de moi l'envie de juger ces parents-là, je ne m'en sens pas le droit. Mari moyen, père passable, je ne suis pas un modèle. Néanmoins, je n'arrive pas à les comprendre, car je puis vous jurer que si l'un de mes trois enfants était venu me trouver en me déclarant : « Papa, j'aime quelqu'un du même sexe que moi ! », même si je soupçonne que ce chemin n'est peut-être pas le plus aisé pour approcher le bonheur, de sa phrase, je n'aurais retenu que « j'aime quelqu'un ». Et c'est les bras ouverts que j'aurais accueilli la personne de son choix.

J'ai donc décidé que je ne rencontrerais pas les parents. Pour ces gens, au pire, l'homosexualité est une horreur, une honte ou une incontrôlable aversion, au mieux, c'est une « difficulté de la vie ». Une fois seul devant mon ordinateur, j'aurais trop peur d'être emporté par le parti pris et la mauvaise foi. (C'est le cas de toute façon.) Au risque d'être taxé de mépris, voire de paresse, peu importe, j'assume, on a les priorités que l'on peut.

— Une fois, j'ai osé lancer le sujet, poursuit Jimmy. Parce que mes copains, je les faisais venir à la maison, mon père était bien obligé de les voir. Il faisait l'autruche, il leur parlait comme s'il était d'accord. Moi, par contre, après, il ne m'adressait pas la parole. Alors, une fois, j'étais allé l'aider sur un chantier et j'ai dit : « Qu'est-ce que tu penses de mon copain ? » Il a répondu : « Va me faire de la colle », ou : « Passe-moi les tubes… » Il niait le problème.

Dans ces conditions, l'atmosphère devient forcément invivable. L'homosexualité est taboue à la maison, son père fait comme si cela n'existe pas. Tout le monde se ment, faisant comme si de rien n'était, et lorsqu'ils se retrouvent ensemble dans une pièce, chacun se sent seul.

— C'est pour ça qu'un jour, j'ai décidé d'aller en ville pour trouver du travail en intérim. Je pensais gagner un peu d'argent et revenir à la maison de temps en temps, enfin, je voulais avancer, quoi…

Ainsi, entre quinze et dix-huit ans, la vie de Jimmy va osciller entre celle d'un garçon trop jeune pour être adulte et celle d'un adolescent trop mature pour supporter le mépris de son père. Il ne va cesser de faire des allers-retours entre Lyon ou Roanne, où il tente de survivre, et la maison de Corrèze où il joue à l'enfant sage. Chez lui, il est contraint d'étouffer ses envies, mais il a un toit et mange à sa faim. En ville, il survit grâce à des petits boulots, mais il peut donner libre cours à ses aventures passagères. Ce don d'ubiquité l'amène à se mentir en permanence. Situation parfaite pour ne plus savoir qui il est vraiment.

– À Lyon, c'était dur. J'avais plein de frais, je me suis endetté. Ma mère, de temps en temps, discrètement, sans en parler à mon père, elle m'aidait. Elle m'envoyait vingt euros, cinquante euros, pour que je puisse m'en sortir. Mon père, rien, jamais. Quand Bastien, un de mes copains, est venu vivre avec moi, ça m'a mis un peu plus dans le rouge. On logeait à l'AFPA, un lieu d'hébergement où je suivais une formation, ils toléraient qu'on soit ensemble, enfin, ils faisaient semblant de ne pas voir. On était prudents, surtout dans les douches et les toilettes, ce sont des lieux communs. Moi, je sortais avec des filles pour mettre le masque hétéro. Ça rassurait tout le monde.

Ses études gâchées, les rapports difficiles avec son père et une vie sentimentale mouvementée conduisent Jimmy à une déstabilisation permanente. Il lui arrive de considérer son inclination comme un fardeau alors qu'il la croyait naturelle. Les choses seraient tellement plus simples s'il était hétéro « comme les autres ».

Après s'être séparé de Bastien, il est attiré par une fille. À moins qu'il ne s'en persuade.

— Non, je crois que j'étais tombé amoureux d'elle. Je dois dire qu'elle me rappelait un peu Bastien au début, mais je savais qu'un jour ou l'autre j'aurai besoin d'aller voir des hommes. Donc, j'ai laissé tomber.

Une fois de plus, après avoir en vain cherché du travail à Roanne, il est obligé de retourner en Corrèze.

La vie y est toujours aussi sinistre, il passe ses journées dans sa chambre. De temps en temps, il tente de renouer le contact avec son père en l'aidant dans son travail, mais rien ne change, rien n'avance, son horizon est bouché, sans espoir.

– C'est comme ça qu'un jour, j'ai voulu me tuer en voiture. Pourtant, je ne suis pas quelqu'un de facilement dépressif. Mais c'est imprévisible, c'est impulsif.

« Je n'ai prévenu personne, je ne me suis pas amusé à écrire des lettres. Là, d'un seul coup, j'en avais marre de tout.

« Vu que je suis bouddhiste, pour moi, ce n'était pas vraiment une mort, je n'avais pas peur. Je me suis dit : “Allez, hop, j'y vais !” J'ai foncé tout droit et j'ai tourné d'un coup pour aller dans le ravin, mais j'ai juste fait un tonneau, et j'ai atterri sur des arbres. Même pas foutu de me tuer. Alors, j'ai pensé : si on ne veut pas que je meure maintenant, c'est que j'ai encore des choses à faire.

« La police et les pompiers sont arrivés. Je leur ai dit que je m'étais jeté tout seul dans le ravin. Direction l'hôpital psychiatrique. J'y suis resté deux jours. C'était six jours avant que mon père me jette dehors.

« Depuis cinq ans, je l'entendais hurler : "Je le tue, je le tue". Et un matin, avant qu'il parte au travail, il a explosé : "De toute façon, si j'ai accepté ton homosexualité, c'était juste pour ta mère. Maintenant, je te laisse cet après-midi pour partir de la maison. Ce soir, quand je rentre, tu n'es plus là." Comme ça !

« J'ai pris ma machine à coudre, mes fils, tout ce qui était couture, enfin, ce que j'avais de plus important vu que je veux devenir styliste, et mes vêtements.

« Je n'ai pas eu le temps de dire au revoir à mes frères et sœur. Je me suis retrouvé avec mon barda – un gros sac, deux grosses valises à roulettes, une petite valise et un sac à dos – dans une forêt pendant deux jours. Ce soir-là, j'ai beaucoup pleuré.

« Ce soir, quand je rentre, tu n'es plus là ! »

Allongé seul contre un arbre avec ses paquets autour de lui, Jimmy ne cesse de se répéter cette phrase. Elle semblait abstraite tout à l'heure pendant qu'il marchait dans la campagne. La colère contre son père mêlée au sentiment enivrant de prendre sa première décision d'adulte l'avait poussé à avancer sans but jusqu'à ce que, la nuit tombant, il se retrouve à la croisée d'allées forestières.

Trois chemins de terre à l'issue aveugle. En face, à droite, à gauche, quelle importance ?

Alors, Jimmy s'est assis, il a sorti son portable de sa poche et maintenant il pleure. Cette forêt ne lui est pourtant pas étrangère, mais cette nuit elle paraît différente.

Ce n'est pas le bruit des feuilles dans les arbres ni les cris lointains des animaux, il n'a pas peur non plus des zones sombres qui l'entourent, cette forêt, il la connaît bien pour y être venu souvent. Seulement, cette fois, ce n'est pas par choix et il sait que tout à l'heure il ne rentrera pas dans sa maison, il ne montera pas dans la chambre de son enfance.

Elle n'est pas loin pourtant, mais elle est interdite.

Bien que je me retienne de toutes mes forces de porter un jugement sur ce père-là, je ne peux m'empêcher d'être écœuré. Comment peut-il infliger cela à son fils ? D'où lui vient une telle aversion capable de le conduire à un acte aussi violent ?

D'après Benoît de Baecque, l'homophobie est une réaction provoquée par la peur de l'autre en soi. L'homophobie au masculin est une attitude suscitée par la hantise qu'ont les hommes de retrouver en eux tout ce qui peut ressembler à l'autre, c'est-à-dire les femmes.

— Pendant deux jours, je n'ai pas mangé, raconte Jimmy. J'étais paumé et j'avais faim. J'étais parti par peur de mon père, je savais qu'il pouvait être violent, je n'avais pas envie de risquer ma vie.

« Je me retrouvais assis contre un arbre, je n'arrivais pas à penser, j'étais comme mort.

Après avoir passé deux jours dehors, Jimmy réussit à joindre une amie qui doit partir pour Marseille. Coup de chance, c'est une bonne amie. Elle le recueille chez elle, lui fait prendre une douche et lui prépare un repas. Puis, le lendemain, elle le dépose à Montpellier.

— Heureusement, j'avais trouvé l'adresse du Refuge sur Internet et j'avais pu parler à Nicolas. Il m'a dit : « Essaie de venir à Montpellier, nous, on va t'aider, on peut faire quelque chose pour toi, on ne te laissera pas comme ça.

« Quand je suis arrivé fin mai au Refuge, j'étais mal, en fait, j'étais comme mort. À l'intérieur, j'étais gothique. Je voyais tout en noir.

« Je voulais mourir. Si je m'en suis sorti, c'est grâce à Nicolas et Frédéric, les deux bénévoles du Refuge.

Maintenant, Jimmy peut s'imaginer un avenir. Ce qu'il aimerait, c'est une vie pépère avec son petit copain, un travail et des enfants…

— J'adore les enfants, mais je n'en veux pas tant que la situation économique restera comme ça en France. Et mon travail, je le vois seulement dans mon entreprise, ma boutique de robes de mariée, de soirée, et de création gothique.

« Avec mon ami, on aime bien faire dans le gothique.

« Depuis que je suis tout petit, je rêve d'une jolie famille, comme *La Petite Maison dans la prairie*.

TU AS INTÉRÊT À COURIR VITE, CAR JE T'ÉGORGERAI

Je crains que cette succession d'histoires plus tristes les unes que les autres ne finisse par lasser le lecteur. Si ce livre était un roman, sachez que c'est avec joie que je glisserais là un chapitre un peu plus léger, ne serait-ce que pour détendre l'atmosphère. Hélas ! il ne s'agit pas d'une fiction et ce n'est pas par plaisir mais par nécessité que je vous relate les choses telles qu'elles nous ont été contées. Sofiane n'est qu'un adolescent de plus sur lequel le sort s'acharne et je me demande ce qu'il serait devenu s'il n'avait pas rencontré les gens du Refuge. Une fois que vous aurez lu, vous comprendrez pourquoi, par prudence, je préfère ne pas trop vous le décrire. Bien qu'effrayé par ce qu'il est en train de vivre, il tente néanmoins de donner le change. Sofiane a dix-huit ans.

— J'ai vécu en région parisienne, d'abord à Paris même, puis à La Courneuve. Après, je suis allé à Périgueux rejoindre mon père biologique, mais ça ne s'est pas trop bien passé. Alors, je suis retourné à La Courneuve jusqu'à mes dix-huit ans. Là-bas j'étais obligé de me cacher. Dans la cité, j'allais pas m'amuser à dire que j'étais gay pour qu'on me retrouve mort dans une cave. Un matin, on a appris qu'un jeune avait été brûlé : « Y a un pédé qui est venu, on a été obligés de le cramer ! » Moi je ne veux pas finir grillé comme un poulet. C'était l'an dernier. Il est mort, et dans les journaux on a lu : « Un affrontement entre deux jeunes dégénère »...

« J'ai connu ma mère biologique très récemment. Je l'ai appelée au téléphone pour lui demander si elle voulait bien m'héberger, elle m'a répondu : “Je ne t'ai pas abandonné à l'âge de trois mois pour te récupérer à dix-huit ans et gay en plus, non merci !” Nos relations se sont arrêtées là.

Sofiane a été élevé par sa tante, la sœur de son père biologique, laquelle s'est fait passer pour sa mère jusqu'à ce qu'il atteigne quatorze ans. Accaparée par ses trois autres enfants, celle-ci ne l'a jamais aimé, il n'y a rien à faire, c'est viscéral, ce môme lui porte sur les nerfs, et l'exécration qu'il lui inspire la pousse à le frapper régulièrement sous les yeux de son mari, lequel ne dit mot. Elle est aussi affectueuse avec ses propres enfants qu'elle est intraitable avec Sofiane, pourtant, ce dernier lui a toujours témoigné de l'affection.

Un jour, il fouille dans le bureau maternel à la recherche de son acte de naissance dans le but de remplir son dossier scolaire. C'est alors qu'il tombe sur un papier dont l'en-tête stipule : « Juge des enfants, tribunal ». Il apprend ainsi la vraie identité de celle qu'il prenait pour sa mère.

Perturbé par cette nouvelle, il n'ose lui en parler et fait une fugue de deux jours chez Lucien, son copain de l'époque.

— J'avais besoin de me confier à quelqu'un. Quand je suis rentré chez ma tante, je lui ai dit pourquoi j'étais parti, elle m'a cogné, je m'en souviendrai toute ma vie. Puis elle m'a enfermé une semaine dans ma chambre sans me donner un seul repas, heureusement une des filles m'apportait à manger en cachette.

« C'était pas la première fois qu'elle me cognait dessus. Mon premier souvenir, j'avais sept ans, et en jouant à la console, j'ai dit un gros mot. Ma tante a couru dans le frigo, elle a pris de la harissa et en a rempli ma bouche, ça piquait, c'était mortel, puis elle m'a plaqué contre l'armoire une jambe levée en m'ordonnant de rester comme ça sans bouger. Au bout d'une demi-heure, j'avais mal au dos, alors j'ai changé de jambe, et là elle a pris ma tête et l'a cognée contre un coin de table. Plus elle voyait le sang, plus elle frappait là où ça saignait. On est allés à l'hôpital, elle m'avait ouvert l'arcade, le menton, cassé une côte… Elle a dit que j'avais glissé.

Un matin, par erreur, Sofiane laisse traîner son téléphone portable dans le salon. Lucien lui avait envoyé un texto : « J'ai envie de toi… À propos, c'est moi qui ai tes films pornos. »

— Alors, ma tante est venue dans ma chambre, elle m'a attrapé par les cheveux. Elle a hurlé : “J'ai lu !”, et elle m'a éclaté. Je me suis enfui chez Lola, ma meilleure amie.

« Je sais que je suis homo depuis longtemps. La première fois que j'ai couché, c'était avec mon prof de sport… Mes parents, enfin ceux qui m'ont élevé, ne m'ont jamais trop supporté, mais à partir de l'instant où ils ont su, ma tante est devenue enragée. Je savais ce qui m'attendait, elle m'aurait tué. Vraiment, elle l'aurait fait. Dans la religion musulmane, l'homosexualité est un grand péché. Mais eux, ce n'est pas que ça. C'est le qu'en-dira-t-on. Avoir un gay dans sa famille, quand on est rebeu, c'est la honte...

« Ce soir-là, mon amie m'a déconseillé de dormir chez elle car elle savait que ma famille viendrait m'y chercher. Effectivement, le lendemain, à huit heures, ma tante était déjà passée chez Lola avec ses sœurs, elles voulaient me tendre un guet-apens. Elles m'ont cherché toute la nuit... Avec Lola, ça fait quinze ans qu'on se connaît, et quinze ans que je l'emmerde avec mes problèmes, c'est elle qui m'accompagnait à l'hôpital quand ma tante me défonçait, c'est elle qui me remontait le moral... Je lui ai gâché la vie. Je ne veux pas qu'elle ou sa mère aient des ennuis à cause de moi. Aussi, quand elle m'a demandé ce que j'allais faire, je lui ai menti, je lui ai dit que je savais où dormir. En fait, je suis resté trois semaines à la rue.

Lorsque, quelques jours plus tard, Lola retrouve Sofiane endormi sur un banc dans le jardin des Tuileries, elle le met aussitôt en rapport avec Le Refuge de Paris. Devant la menace qui pèse sur l'adolescent, le responsable de l'association l'envoie aussi sec à Montpellier.

– Avant de partir au Refuge, j'ai dû aller chercher mes affaires chez ma grand-mère. Je l'ai donc appelée et, le temps que j'arrive, elle avait déjà prévenu mes tantes. Dès que la porte s'est ouverte, elles m'ont sauté dessus, traîné dans le salon, elles sont passées les unes après les autres pour me cracher dessus et m'insulter. Heureusement, j'y étais allé avec Hervé, mon entraîneur de boxe thaïe, et deux copines à moi pour me protéger. J'ai bien fait car mes tantes avaient appelé mon père biologique pour lui apprendre que j'étais homo. Quand il m'a aperçu, il a monté l'escalier en criant : « Attendez, je vais le chercher, j'arrive ! » Je sais ce qu'il allait chercher : chez ma grand-mère, il a des flingues, des fusils à pompe… Il est capable de tout, mon père, il a fait de la prison parce qu'il a blessé quelqu'un avec un harpon et conduit sans permis avec un kilo de shit dans la voiture. Mes tantes ont essayé de nous retenir. Quand j'ai vu mon père redescendre avec un de ses fusils, j'ai dit à mes amis : « Vite, on dégage », et on a réussi à s'échapper…

« Le lendemain, j'ai porté plainte. J'ai appelé ma tante du commissariat pour que les flics entendent les horreurs qu'elle me hurlait.

À peine arrivé au Refuge de Montpellier, son père appelle Sofiane et lui dit calmement : « T'inquiète pas, je vais te retrouver, et ce jour-là tu as intérêt à courir vite, car je t'égorgerai. » Le message est clair, aussi Frédéric Gal et Nicolas Noguier ont-ils décidé d'envoyer Sofiane en lieu sûr dans un endroit secret quelque part en France.

– Je veux entrer dans la police, confie Sofiane. Je veux revenir à Paris avec ce pouvoir-là, ce pouvoir de policier. Je sais que mon père n'a pas de port d'arme, je sais où il se fournit, je veux l'envoyer en prison à vie. Je connais ses magouilles.

« Je veux les faire souffrir, lui et mes tantes, parce que moi j'en bave depuis l'âge de sept ans. Ma vengeance, personne ne me la volera. Je me suis éduqué tout seul, forgé tout seul.

« Le sentiment d'amour, je ne connais pas. J'ai comme une carapace en acier que personne ne peut transpercer. Je ne tombe pas amoureux, même avec Lucien. Ma meilleure amie je l'aime beaucoup, c'est une amitié très forte, mais pas de l'amour. Je me méfie de l'amour, j'ai peur de tomber sur quelqu'un qui va me rejeter, me frapper.

« Tant que je ne serai pas mort, ma famille ne sera pas contente. Je le sais.

« Aujourd'hui, grâce au Refuge, je me dis que j'ai une opportunité de refaire ma vie, comme si je ressortais du ventre de ma mère en sachant marcher.

« Ça me soulage de parler, sinon, ça reste dans ma tête.

Sans commentaire.

JE M'INVENTAIS UNE AUTRE VIE

Corinne a dix-huit ans, les cheveux courts, le regard clair, la lippe ennuyée d'un Elvis Presley. Son apparence masculine tranche avec des manières de jeune femme bien élevée. Elle ne manque pas d'humour, mais, tandis qu'elle parle, elle donne en même temps le sentiment d'être ailleurs, dans un jardin secret où personne ne l'attend. Le cas de Corinne est terrible parce que, contrairement à certains décrits plus haut, il n'est en rien démonstratif. En apparence, tout va bien, et c'est sans crier gare que le non-dit s'installe dans la famille, jour après jour, comme les gouttes d'un supplice chinois.

Et puis vient le moment où la frontière qui sépare est plus longue que les liens qui attachent. Et le fruit tombe dans le silence assourdissant de ceux qui ne se comprennent plus.

La mère de Corinne est pédiatre, son père est dans l'administration. Milieu bourgeois bon teint, un peu catho mais pas trop. Jadis, ils ont rempli leur petit quota de remise en question grâce à Mai 68. On l'imagine, lui, échanger quelques mots avec Alain Geismar en lui offrant une cigarette et, elle, peindre « Peace and love » le cœur battant sur un mur des beaux quartiers, bref, sans atteindre les cimes, ils ont suffisamment réveillé en eux la fibre révolutionnaire pour avoir la conscience tranquille et reprendre l'autoroute sans péages de la vie à laquelle ils étaient destinés. Nanti d'un profil plutôt rassurant, on pourrait attendre de ce couple lambda ne serait-ce qu'un espoir d'ouverture d'esprit.

Pourtant, Frédéric Gal et Nicolas Noguier sont clairs sur le sujet : les parents qui n'acceptent pas l'homosexualité de leurs enfants sont issus de tous les milieux. Certains même exercent des professions dont on pourrait espérer qu'elles leur donnent des idées un peu plus larges. Ainsi, Isabelle Chollet, la psychologue bénévole du Refuge de Montpellier, remarque que ces gosses en rupture familiale ont des parents « témoignant d'une certaine fermeture d'esprit n'ayant rien à voir avec leur niveau de diplôme. On peut être docteur en je ne sais quoi et réagir au plus mal. »

Le manque d'imagination n'est pas l'apanage d'une classe. Il ne s'agit pas, comme certains aimeraient à le penser, d'un écart entre la France d'en haut et celle dite d'en bas, bourgeois contre prolétaires, mais bien d'un ancrage général d'idées préconçues soutenu en majorité par la religion catholique et autres prometteurs de paradis post mortem.

— Mes parents ne m'ont pas dit : « Casse-toi. »

« Ils m'ont poussée dehors, ce que je deviens, ils s'en foutent royalement. Le fossé s'est creusé, parce qu'ils ne m'acceptent pas comme je suis. Ils me voudraient autre. Eux se sont bien collé des fleurs dans les cheveux... Ma mère ne supporte plus les manifs d'étudiants, elle trouve ça débile. “Oui, mais ce n'est pas pareil”, elle dit.

« Je ne me plains pas, j'ai vécu normalement jusqu'à l'âge de onze ans. Mon enfance ne fut pas malheureuse, mais je n'ai jamais dit “je t'aime” à ma mère, elle non plus d'ailleurs. Simplement, entre eux et moi, les conflits se sont multipliés avec les années, surtout avec ma mère, et, à l'adolescence, ça s'est dégradé.

« Quand on faisait les magasins, elle choisissait à ma place, moi, je voulais mon tee-shirt et mon jean, mais elle achetait toujours autre chose. Elle voulait me déguiser : que j'aie les cheveux beaucoup plus longs, des pantalons de fille, des hauts de fille, des tee-shirts de fille. C'était tellement pas moi…

« Dans la rue, ma mère me regardait de haut en bas et j'avais l'impression qu'elle pensait : "Tu t'es vue ? J'ai honte d'être avec toi !" J'ai toujours eu une démarche un peu masculine. Elle, ça la gênait. Je ne disais rien.

« Au collège, lorsque j'ai pu mettre un mot sur ce que je vivais, sur ce que j'étais, tout a changé. J'ai compris pourquoi je regardais les filles, toujours les filles, je ne me sentais pas attirée par les garçons. Je me disais, ça passera. Je ne l'ai pas pris comme un problème, je ne me posais pas de questions. Avec les garçons, je traînais, c'est tout. J'étais masculine. Je me forçais à m'inventer un petit copain. Je n'étais pas moi-même, ce n'était pas possible parce que je n'étais pas dans la norme… Alors, je m'inventais une autre vie.

« J'essayais de me couler dans le moule, je

n'allais quand même pas partir de chez moi à quatorze ans...

« Et puis, ce sont mes parents, c'est con mais on a envie de leur faire plaisir, on n'a pas envie d'être rejeté, d'aller contre. Ça me détruisait de voir que je décevais ma mère. Je ne pouvais plus vivre avec elle, dans cette ambiance... C'est affreux, cette déception. S'ils ne m'aiment pas comme je suis, mes parents, c'est sans doute que je ne suis pas aimable, comment pourrais-je m'aimer moi-même ?

« Alors je ne m'aime pas.

« Une famille, normalement, c'est ce qui vous construit. Ce sur quoi on s'accroche pour grandir, aller de l'avant.

« Moi, j'ai le sentiment d'être moins que rien. Du coup, je m'autodétruis. Je m'attache à des gens qui me font souffrir, ou je fais souffrir ceux qui voudraient m'aimer.

À peine sortie de l'enfance, Corinne tient le discours d'une femme de quarante ans revenue de tout. C'est qu'elle a sa zone d'ombre, un événement dont elle n'aime pas parler, qui a peut-être eu une influence sur le reste de sa vie. À l'âge de seize ans, elle fut violée. Nous ne chercherons pas à en savoir plus, les détails ne nous regardent pas. Seul reste cet insoutenable souvenir qui marque sa vie d'une pierre sombre.

– Ce jour-là, de retour à la maison, je suis restée une heure trente sous la douche. Et puis direct dans ma chambre, je ne mangeais plus, mais personne n'a remarqué. Aucune réaction. Aucune. Pourtant, c'était un appel au secours. Au moment où j'étais le plus mal, ils n'ont rien vu. Ça m'a éloignée d'eux. Je n'avais plus envie de rien. J'avais seize ans. Je ne pleure jamais, moi, il aurait fallu que quelqu'un me le demande. Si on voit un enfant qui reste dans sa chambre au lieu de sortir avec ses amis, qui ne mange plus, qui ne parle plus, on ne s'inquiète pas ?

« Eux, non. Ils ne se sont jamais vraiment intéressés à ce que je vivais, à mes amis.

À partir de seize ans, Corinne se met à fréquenter le milieu homo. Elle voit du monde, des homos garçons, puis des homos filles, des gens au regard sans jugement. Elle commence à avoir une vie structurée dans cet univers qui va devenir le sien. Elle s'affirme peu à peu, se coupe les cheveux court, arbore des pantalons baggy.

Chez elle, elle ne se cache pas, mais elle n'en parle pas non plus. Ses parents n'ignorent pas qu'elle est gay, mais le silence règne. Elle ramène à la maison des copines à l'allure insolente qu'elle emmène dans sa chambre, il n'y a qu'un seul lit, ce n'est un secret pour personne. Mais personne ne dit rien. On fait comme si... Les relations se dégradent, s'enveniment, se détériorent. De temps en temps, sa mère dit qu'elle trouve ses copines « bizarres », en fait, elles ne sont pas bizarres, elles sont juste lesbiennes. Mais chez ces gens-là, ce mot n'appartient pas au vocabulaire. Ce qu'on ne formule pas reste sur le trottoir, hors des murs rassurants de la maison familiale. Et, lentement mais sûrement, le silence tue...

— J'avais envie de me mettre une balle dans la tête. Ma mère jouait son rôle de femme au foyer comme si je n'existais pas. Je préférais taper dans un mur plutôt que de lui taper dessus.

Désormais, Corinne recule le moment de rentrer chez ses parents. Pendant une semaine, elle erre dans les rues, retarde l'inévitable confrontation qui l'attend dès qu'elle passe la porte. Dehors il fait froid, mais pas plus qu'à la maison. Alors elle traîne, rentre chez elle prendre une douche quand ses parents ne sont pas là, et insensiblement, sans l'avoir décidé, s'achemine vers une situation de sans domicile fixe qui lui fait un peu peur.

— Le jour, je le passais à traîner chez des amis ou dehors, je m'arrangeais pour ne jamais croiser mes parents. C'était assez pénible. Mais c'était tellement intenable à la maison… C'était sans solution.

« Quand je suis partie définitivement, je n'avais aucun revenu. Je me sentais moins que rien. C'est super dur de ne pas savoir de quoi demain sera fait, ni où l'on va dormir. Je n'avais pas d'adresse, pas de futur. Être SDF ça fait mal au moral, à l'ego, ça rabaisse. T'as le sentiment de n'être pas grand-chose.

« Alors, je me suis mise à boire beaucoup. Beaucoup trop, tous les soirs, je me mettais une pile pas possible. Je buvais, je buvais… La bonne pente de l'alcoolo. Je ne passais pas une soirée sans ma bouteille. Parfois, on la finissait à deux avec une copine dans le même état que moi sauf qu'elle, elle avait envie de rentrer chez elle.

« Même si chez mes parents, j'étais mal,

dehors, c'était pire. Je me sentais comme de la merde du fait de ne pas avoir de chez-moi. De ne pas être attendue. Pas de maison veut dire pas de travail. Je passais mes journées à ne rien faire. C'est pas ça, la dépression ?

Quel effet cela peut-il avoir sur le mental d'une fille de cet âge d'être forcée de cacher ses sentiments comme s'il s'agissait d'une infamie ? D'être niée par les siens au-dedans et de ne se sentir acceptée qu'au-dehors avec des gens qui lui ressemblent, unis par la même solitude, la même humiliation ? Comment ne pas être agressée par le regard de ces bons Français si fiers de leur belle France qu'ils préfèrent oublier que c'est aussi un pays dans lequel les homosexuels ne sont même pas autorisés à faire don de leur sang ? Mais le mépris des gens finit par tenir chaud, alors, on se regroupe, on échange les mêmes caresses, on invente un humour commun, un rempart contre ceux qui n'aiment pas la même danse, et puis, au bout, peut-être, on finit par se sentir bien. Après tout, les plus jolies familles sont celles que l'on s'invente…

— Ce que je trouve au Refuge est inestimable. Un toit, des gens qui se soucient de moi, qui s'inquiètent de mon devenir, qui me regardent avec le sourire, qui me remontent le moral, qui m'acceptent comme je suis, sans vouloir me changer, c'est énorme. Je ne les remercierai jamais assez. Jamais !

PERSONNE NE ME DÉRANGEAIT, À PART LES CHIENS…

Antoine a aujourd'hui dix-neuf ans. Sous sa tignasse en tornade, il a les yeux d'une petite fille déçue qui traînerait sa poupée par la manche.

Son parcours pourrait sembler atypique, mais il est hélas assez commun. Son père est en prison et sa mère s'est remariée avec un homme qui ne veut pas entendre parler de lui. Son seul salut avant de trouver Le Refuge passait donc par les familles d'accueil, mais une fois de plus la dernière l'a renvoyé. Sa vie ressemble à une boule de billard électrique, seulement ce n'est pas lui qui manie les bumpers.

– Quand j'avais six ans, ma mère s'est remise avec un homme qui ne m'acceptait pas. Il a tout de suite dit : « Ce n'est pas mon fils, je ne le prends pas. » J'étais dans la pièce et ça m'a fait beaucoup de mal, surtout que ma mère a préféré son nouveau mari. C'était violent.

« Quand tu aimes une femme, tu la prends avec son enfant, non ? Maintenant, ça fait douze ans qu'ils sont mariés. Ils ont eu trois gosses, mais je ne les connais pas. Ça va faire dix ans que je ne les ai pas vus. Il y a six mois, j'avais eu son numéro, j'ai appelé ma mère. Quand je lui ai dit : "C'est Antoine", elle a raccroché. J'ai rappelé. J'ai laissé un message en disant qu'il fallait absolument que je lui parle, que j'étais homo et que j'aurais aimé qu'elle m'accepte. Je n'ai jamais eu de nouvelles.

Décidément, certaines femmes ont l'instinct maternel à géométrie variable... Quelle perception Antoine peut-il avoir de ses parents biologiques ? Sa mère le rejette et son père est en prison. Régulièrement, été comme hiver, Antoine fait la queue le long des murs de la prison, entouré d'épouses, de sœurs, rien que des femmes et des enfants. Dès qu'on franchit la porte, les regards suspicieux des geôliers ne font aucun cadeau. La faute du condamné rejaillit sournoisement sur les proches, Antoine ne peut s'empêcher de se sentir coupable lui aussi.

Que peut-il attendre de cet homme enfermé qu'il connaît à peine ? Avoir un père puni, c'est un peu comme inverser les rôles : très jeune, sans le vouloir, il devient le père de son père. Et, pour parfaire le tout, son père lui réserve des surprises.

— Mon père est devenu homo. Je l'ai appris d'abord par un courrier qu'il m'a envoyé. Ensuite il me l'a dit en face au parloir. Ça lui est arrivé avec la personne qui partageait sa cellule. Maintenant, ils vont se mettre ensemble.

« Ça m'a choqué, je ne pensais pas ça de mon père. Pendant deux semaines, je ne suis pas allé le voir. Et puis je suis retourné au parloir et là, je lui ai dit : “Moi aussi papa, je suis homo.” Il a très bien réagi, il m'a répondu : “Tel père, tel fils.” Depuis, on s'entend bien. Pourtant, il ne m'a jamais été d'aucune aide, et en même temps je n'ai plus que lui.

Après en avoir pris pour quatre ans derrière les barreaux, son père avait replongé et le tribunal l'avait condamné à six ans supplémentaires. Dix ans qu'Antoine ne voyait son père qu'à travers la vitre d'un parloir. Pour un enfant, c'est une éternité et il n'y a aucun rapport entre l'homme qui avait passé la porte de cette prison et celui qu'il est aujourd'hui. Avec une mère qui le rejette et un père en prison, Antoine passe donc son enfance entre les foyers et les familles d'accueil.

– Entre dix et vingt ans, j'en ai fait quatre. Une fois que tu t'es habitué à des gens, il faut changer. Avant, j'étais chez ma tante, un an. Entre-temps, des foyers… Ma dernière famille d'accueil, je lui en veux beaucoup. Quand je me retrouve sans argent, sans rien, je me dis que c'est sa faute. Mes parents d'accueil avaient honte de moi parce que je n'étais pas leur enfant. Et puis, j'étais homo, et pour ces gens-là, c'était la mort. C'était une famille très religieuse, ils allaient à l'église tous les dimanches, repas avec la prière à table, etc. Ils craignaient que je ne tombe amoureux de leur fils. Il faut dire que je m'entendais super bien avec lui, on jouait ou on se baladait ensemble tout le temps, on allait à la piscine et tout… Sa mère couvait énormément son fils et je pense qu'elle n'aimait pas qu'il sorte avec un enfant dont elle avait la garde. J'étais le seul gosse de la DDASS dans cette famille, mais ils ne m'aimaient pas du tout, ils faisaient ça pour l'argent. Je l'ai su plus tard par leur fils.

« J'avais dix-sept ans. Je suis resté six mois avec eux.

Six mois pendant lesquels les parents d'accueil d'Antoine n'arrivent pas à le considérer comme leur fils. Ils ne l'autorisent pas à prendre ses repas avec eux, lorsqu'ils sortent ils ne l'emmènent jamais, le laissant seul à la maison.

Quand ils reçoivent des gens, Antoine ne doit pas apparaître. Ils le font dîner avant, et ensuite il est prié d'aller dans sa chambre et d'y rester tant qu'il y a des invités. Accueillir un adolescent pour ensuite le cacher aux yeux du monde parce qu'on en a honte, cela a-t-il un sens ?

À moins, comme le dit Antoine, que la motivation ne soit que l'argent qu'on en retire. Ça m'étonne un peu. Vrai ou faux, le fait qu'Antoine puisse le croire est triste en soi, mais si c'est la vérité, dans ce cas, rien n'a changé depuis Émile Zola.

Et quand je pense qu'il se trouve des gens pour refuser l'homoparentalité à tous ces hommes et ces femmes qui, par la force des choses, n'ont pas d'autre choix que d'adopter, et à qui l'on ose expliquer qu'il faut un papa et une maman « comme tout le monde », parce que c'est comme ça que « ça marche » ! Un peu partout, les sociétés évoluent. Est-ce un bien ou un mal, je ne sais, cependant c'est un fait. L'argument selon lequel on n'a encore rien trouvé de mieux qu'un homme et une femme pour faire un enfant ne tient pas, puisqu'il ne s'agit pas de la conception, mais de l'éducation et de la capacité à aimer.

Ce n'est pas parce qu'un ingénieur de chez Renault est capable de construire une voiture qu'il sera pour autant un conducteur habile.

Qui décide que les homosexuels sont moins doués pour l'éducation que les couples « conformes à la norme naturelle » ? Est-il si grave que sa mère s'appelle Robert ou son père Juliette ? L'important ne serait donc pas l'amour que l'on donne aux enfants ? Ceux-ci ne seraient-ils pas capables de prendre ce qu'il y a à prendre là où il y a à le prendre ? On m'objectera qu'à l'adolescence, à cause de ses parents particuliers, un enfant risque de rencontrer des difficultés à affirmer sa personnalité, mais cet âge n'est-il pas de toute façon celui de tous les bouleversements, même avec des parents dits normaux ? Et de quel droit décide-t-on par avance que ces couples inventés n'auront pas assez d'imagination pour tenir un discours intelligent propre à élever un rempart contre la vulgarité du monde ?

Certains ennemis de l'homoparentalité vont même jusqu'à faire un vicieux rapprochement entre homosexualité et pédophilie, argument particulièrement spécieux consistant en effet à imaginer un couple homosexuel qui adopterait un bébé dans le but de le pervertir quelques années plus tard. Cette accusation est sans doute une des plus honteuses qu'il m'ait été donné d'entendre. Pourquoi accorder si peu de crédit à des gens qui s'aiment et dont le plus grand désir est d'élever un enfant ?

Est-on certain que les milliers de gamins parqués dans les orphelinats ne rêveraient pas d'être aimés par un couple pour lequel adopter est le but d'une vie ? Peut-on m'assurer que l'enfant-loup aurait préféré les murs d'un orphelinat ? Je sais, je m'égare… Mais il me semble que cette question mérite d'être posée au lieu de seulement se contenter de l'affirmation bêlée par les inconditionnels de la tradition : « Il faut un papa et une maman », comme si cette formule était l'étalon repère immuable d'une époque où dans les cours des écoles, les enfants dont les parents ne sont pas divorcés font figure de curiosité.

En attendant, si j'étais homosexuel, j'irais m'installer en Belgique, au moins, là-bas, ils ont compris depuis longtemps que pour un gosse, il est préférable d'être aimé d'un couple particulier plutôt que de ne pas être aimé du tout.

– Le jour où ils m'ont demandé de partir, continue Antoine, le fils est venu vers moi, il m'a pris dans ses bras et on a pleuré tous les deux. Je pense qu'il y avait plus que de l'affection entre nous, en tout cas de ma part, c'est certain. On était très attachés l'un à l'autre, un peu comme des frères. On dormait ensemble. On discutait, on rigolait, on lisait un bouquin, mais il n'y avait rien de sexuel. Même si ça aurait pu quelquefois. On était d'accord tous les deux. On ne l'a pas fait par respect pour la famille. Alors qu'en fait, lui aussi il est homo. Maintenant, il est installé avec son copain. Ils sont fiancés et ils vont en Belgique au mois d'août pour se marier.

Étrange famille qui accepte l'homosexualité pour l'un parce qu'il est de leur sang mais la refuse pour l'autre parce qu'il n'est qu'un enfant de passage. À moins qu'à leurs yeux Antoine ne soit responsable de l'inclination de leur fils. Je ne prétends pas détenir la science infuse, mais je n'ai pas l'impression que l'on puisse aisément « décider » de devenir gay contre sa nature. Entre l'influence et le geste, il me semble qu'il y a plus qu'un pas.

— Pourtant, leur fils leur a bien expliqué que je n'y étais pour rien. Mais ils ont exigé qu'il ne me voie plus, et depuis ils ne veulent plus entendre parler de moi.

« On s'est vus en cachette pendant deux ou trois mois.

« À la troisième rencontre, ses parents l'ont suivi. Quand ils nous ont aperçus ensemble, c'est là qu'il y a eu le gros clash. Il s'est ramassé deux claques par son père et sa mère.

« On lui a interdit de me recontacter. Je m'en rends compte maintenant, c'était mon premier amour.

Suite à ce départ forcé, Antoine fait une première grosse dépression qui le mène à l'hôpital psychiatrique. Durant plusieurs semaines il ne veut pas qu'on le touche, il refuse de se nourrir, il ne veut voir personne, même pas les médecins.

Ces derniers ne peuvent pas savoir qu'en plus de sa première déception amoureuse, Antoine souffre d'avoir dû quitter cette famille-là. Elle n'était peut-être pas le rêve, mais il s'y était habitué, pour une fois il s'y sentait bien. Après, il passe de foyer en foyer, à Narbonne, à Perpignan, à Montpellier, à Nîmes, à Saint-Étienne, à Montbrison, à Roanne… À chaque fois, de l'urgence.

– Des fois, je prenais ma couverture et j'allais passer la nuit au parc. Mais le soir, il y a des gens qui boivent, alors, je me cachais, je dormais dans les buissons. Là, j'étais tranquille, personne ne me dérangeait, à part les chiens. Parce que c'est bien le foyer, mais il faut rentrer à vingt-deux heures, et repartir à six heures du matin. Et qu'est-ce que tu peux faire dehors de six heures à vingt-deux heures, sans le sou, sans manger, sans rien ?

« Mais je préférais quand même ça, je ne voulais plus avoir affaire aux éducateurs ni aux juges. J'en avais marre d'être trimballé de famille d'accueil en foyer. Pendant un temps, j'ai fait des spectacles de travesti dans une boîte de nuit. J'avais dix-huit ans. Je gagnais vachement bien ma vie, j'étais content. Mais j'ai arrêté parce que ça allait trop loin. Le patron n'était pas très correct, je l'excitais, il avait envie de coucher avec moi. Moi je n'en avais pas envie. Ça s'est arrêté net. Des fois, je pense carrément à la prostitution. Je l'ai déjà fait deux fois, pour manger. Il y a un an de ça. On va voir les gens, on discute, et on fait ce qu'on a à faire… Parfois, j'y pense carrément à reprendre les spectacles ou retrouver mes clients d'avant. Ce que je n'aime pas, c'est que ça peut aller vraiment loin. On est obligé de faire des choses…

« Faire des choses… » Je préfère ne pas savoir ce qu'il veut dire. Quel autre choix a-t-il ? Partout où il dépose des CV, dans les magasins, les restaurants, on lui répond qu'il n'y a rien pour l'instant. Tous disent : « C'est à cause de la crise. »

— Après, je suis venu ici, au Refuge. Maintenant ça va mieux. Enfin. Je n'ai pas mes parents. Des fois, ça m'arrive de pleurer…

TU N'ES PLUS MON FILS

Amine a l'air d'un enfant. Fine silhouette, manières timides, il sourit comme s'il ne connaissait pas la méfiance. Trop gentil, trop craintif, il n'est pas adapté au monde réel. On dirait qu'il a vécu sous cloche, hors de la vie, comme un personnage de dessin animé.

Il y a trois semaines, il a quitté sa famille, et depuis quelques jours il est au Refuge de Montpellier.

Né en Auvergne, il était venu vivre à Alençon avec ses parents et ses sœurs. À la campagne, il n'y avait pas de lycée, c'est pourquoi la famille s'était décidée à venir en ville.

– J'ai quatre sœurs, dont trois vivent à Paris. À la maison, à la fin, il ne restait que moi, mes parents et ma petite sœur. Je suis le numéro quatre sur cinq. J'ai vingt-trois ans. On a tous le même père. Ouvrier dans une usine d'alimentation, il a eu un accident de travail, du coup, il a dû arrêter. Ma mère est toujours restée à la maison. Ils sont nés au Maroc, lui est de là-bas, ma mère est libanaise. Tout allait bien avec eux jusqu'au collège.

« Là, mes notes ont commencé à chuter. Le souci, c'est que je savais déjà que j'étais gay.

« En fait, à l'âge de quatre ans, y a un mec qui m'a touché. C'est resté dans ma tête, je n'ai jamais rien dit.

« À l'âge de quatre ans ! » Silence. Il revoit ce type de l'école maternelle, un ami dont il ne se méfie pas, qui est gentil avec lui et qui parfois lui caresse la joue. Personne ne le remarque. « Viens t'asseoir sur mes genoux », et voilà qu'une main glisse ailleurs, en silence, avec la honte au bout des doigts. L'enfant n'ose rien dire. Un attouchement ne « pénètre » rien, sauf peut-être le cœur. Une main peut-elle changer le cours d'une existence ? Cet incident traumatisant serait-il responsable de la sexualité à venir du petit Amine ? Si c'est le cas, désolé pour les extrémistes, mais on est loin de la théorie génétique. Et s'il y avait mille façons d'arriver à l'homosexualité ? Cette main a-t-elle le pouvoir d'influencer le futur d'un enfant de quatre ans ? Ce dernier peine à évoquer ce moment, bien qu'il semble qu'il ait changé sa vie.

— Oui. Je pense. Je n'ai jamais vu de psy, je n'en ai jamais parlé à personne. Mes parents ne sont pas au courant de cette histoire. Je n'osais pas vraiment leur parler et, de toute façon, c'était déjà trop tard. Même à l'école primaire, je n'ai rien dit, mon prof me frappait souvent quand je ne savais pas répondre aux questions, il me criait dessus et me balançait des claques ou des coups de poing, alors cette histoire, je l'ai gardée pour moi.

Quand, à quatorze ans, Amine prend conscience de son homosexualité, chez lui, bien sûr, pas un mot. Non que ses parents soient homophobes, loin de là, ils ont même des amis gays, mais qu'il y en ait un au sein de leur famille est tout simplement inimaginable. Amine est le seul garçon et ils ont placé tous leurs espoirs en lui. Son avenir est programmé, ils ont déjà tout projeté. Il faut qu'il ait un métier, un appartement, une vie de famille, avec une femme, des enfants.

— Ils m'en parlaient souvent de cette vie de famille, mais moi, je ne me voyais pas là-dedans. Mon père rêve d'être grand-père, il attend ça avec impatience. Il disait que plus tard, il voulait que je lui amène ses petits-enfants, que je vienne chez lui avec eux, que je transmette son nom.

« Ça m'angoissait, et dans ma tête, en allant me coucher, je me disais que ça serait impossible.

Le père est strict, autoritaire, pas violent, mais tyrannique. « Tant que tu habites chez moi, c'est moi qui commande, lui assène-t-il. Si tu n'es pas content, tu t'en vas. » S'il sort à quatorze heures, Amine doit rentrer à dix-huit heures. Tous ses amis vont à des soirées, ils l'appellent, ils ne comprennent pas qu'il n'en ait pas le droit.

Je n'ai rien contre une éducation sévère, on reproche assez aux parents de lâcher prise et de se décharger de leurs responsabilités sur l'école, mais il y a des limites, Amine a quand même vingt-trois ans !

D'aucuns vous diront que ce père-là fait son boulot, et qu'une éducation sévère a ses avantages. C'est vrai si, en revanche, il est à l'écoute de son fils, mais il semble que ce ne soit pas le cas. Il a tracé le futur d'Amine selon ses désirs et toute velléité s'arrête là. Sa femme est chrétienne, elle est moins stricte avec les enfants, lui est musulman, très pratiquant, ils sont tous deux fortement marqués par leur religion. La famille est tout pour lui.

— Ils voulaient absolument que je me marie bientôt, poursuit Amine. Je leur disais : « Attendez, je n'ai pas de travail, je n'ai pas d'appart, je ne sais pas comment je vais faire... »

« Ça revenait souvent. Autour de moi, tout le monde va se marier, mon cousin, des fils de leurs amis qui ont mon âge, d'autres qui ont déjà divorcé, ou qui travaillent... Pour mes parents, j'étais une petite merde. Il fallait absolument que je parte de là-bas. Sinon, j'allais au suicide.

Amine utilise toutes sortes de ruses pour cacher son homosexualité à ses parents. Ils ne sont pas au courant qu'il sort avec des garçons, il le fait en cachette. Il les décrit comme des amis, des potes, bref, il joue à l'hétéro. Mais « jouer à l'hétéro » vis-à-vis surtout de sa famille tient du parcours de combattant. Démarrer sa vie par le mensonge, c'est comme sauter par-dessus l'enfance. Ses parents n'auront jamais de doutes car il ment bien, parle de mariage, disant que plus tard il se verrait bien avoir des enfants.

Il veut leur faire plaisir.

— Oui, je voulais leur faire plaisir et ça me dégoûte de leur avoir menti. C'était pour ne pas les perdre, mais je sentais que c'était mal. Ce que je ne comprends pas, c'est que ça se voit quand même, que je suis gay. On peut le deviner, non ? J'en avais peur et, en même temps, j'espérais qu'ils le devineraient.

« Un jour, j'étais au téléphone sur mon portable avec mon petit ami, j'ai dit des mots qu'il ne fallait pas dire...

« Comme j'étais dans ma chambre, j'avais mis sur haut-parleur parce que je pensais que mes parents n'étaient pas là. Ils étaient derrière la porte, ils ont tout entendu. Ils m'écoutaient, mais c'était par hasard. Mon père m'a dit : “À qui tu parles ? De quoi tu parles ?” J'ai répondu : “De rien. – Oui, c'est ça, j'ai tout entendu...” Moi, j'avais honte.

« Je n'ai pas dormi de la nuit, à force de réfléchir à ce que j'allais faire. C'était horrible.

« Le lendemain, on a discuté, on s'est disputés, je lui ai dit que j'étais gay. Il ne m'a pas laissé parler, il ne me laisse jamais parler. Il était en colère. Fâché, tout. Il m'a demandé pourquoi je lui mentais en lui disant que je voulais me marier pour finir par lui avouer que j'aimais les garçons.

« Il m'a balancé : "Quand tu sors, tu vas te faire enculer par des mecs, et tu rentres tard." Alors que je ne sortais même pas pour ça.

« Je ne lui ai jamais menti, jamais, à part sur ma sexualité.

« Il parlait fort, mais en faisant attention aussi, à cause des voisins. Les fenêtres étaient fermées. Ma mère était dans sa chambre. Elle n'est pas venue, mais elle a entendu. Il m'a dit : "T'as intérêt à réfléchir. Si tu décides de ne plus être gay, tu restes. Sinon, tu pars." Il pense que c'est un choix d'être gay. Pour moi, ce n'est pas un choix. J'avais essayé de ne pas être gay, sans y arriver. J'ai testé avec des filles, mais ça bloquait à chaque fois ; tout le temps, l'image du type de l'école maternelle refaisait surface.

« Depuis l'âge de quatre ans, j'ai toujours aimé les mecs, même ceux de la télé ! Et là, à cause de ça, mon père m'a dit de partir, de ne plus jamais revenir.

Devant tant de froideur, Amine est désarçonné, il a peur, il a honte. Tandis qu'il rassemble ses affaires, son père continue de lui hurler au visage. Mais Amine n'écoute plus, il fait sa valise et se concentre sur ce qu'il doit emporter. En sortant de la pièce, son père lui lance la pire des phrases, celle qu'il n'oubliera jamais, d'autant que c'est la dernière : « Tu n'es plus mon fils ! »

Amine n'en dort pas de la nuit, marchant en rond, mort d'inquiétude, réalisant qu'il n'a aucun plan. Où va-t-il ? Son petit ami l'accueillera-t-il ?

Le lendemain matin, il part avant que ses parents se lèvent. Dès sept heures, il est à la gare. Ce train, il le connaît bien, c'est celui qu'il prend pour se rendre à Paris chez son copain. Il n'a pas parlé avec sa mère, il ne lui a même pas dit au revoir. Il n'a pu la joindre, ni elle ni ses sœurs, personne.

– Ma mère, je ne sais pas ce qu'elle pense, elle doit souffrir, elle doit être choquée. Je m'en veux beaucoup de lui avoir menti, je n'avais pas le choix. Même s'ils m'ont viré, je les aime, mes parents. Ils ont toujours été là pour moi, dans mon enfance.

« Je ne comprends pas, il y a des personnes qui tuent, et leurs parents les aiment toujours. Nous, on est gays et nos parents ne nous aiment plus. Ça me fait de la peine et ça me met en colère.

Le jour même où il est à la rue, Amine va sur Internet sur un site nommé « Gay mec ». Il le connaît depuis longtemps, il y est même inscrit. Ensuite, il court chez sa meilleure amie, mais elle habite un studio de 13 m^2, à deux, ce n'est pas jouable. Quant à son petit ami, il ne veut pas d'Amine, prétextant qu'il héberge déjà trois personnes.

— Je l'ai quitté parce qu'il m'a mis à la rue, il n'a pas voulu m'accueillir. Je me suis dit, OK, ça ne sert à rien. À sa place, je n'aurais pas laissé mon mec dehors ! Je ne sais pas ce qu'il fait avec ces trois types, il s'amuse, il se drogue…

« De toute façon, ce n'était pas l'amour fou. J'avais espéré qu'il pourrait m'héberger. Mais non.

Retour sur Internet. Dans les petites annonces Amine trouve un message au nom étrange, un pseudo. Un type à Paris lui propose de l'héberger. Au bout du téléphone, une voix lui donne un rendez-vous pour le soir même.

– J'arrive chez lui. L'endroit n'est pas grand, on n'a rien à se dire. Au moment où je vais me coucher, je sors en boxer, il commence à me toucher et… J'ai beau lui dire que je ne suis pas venu pour ça, que je ne suis là que pour qu'on m'héberge, il insiste, c'est vraiment lourd. Je n'ai pas dormi de la nuit. Le jour suivant, je suis sorti et le soir, je suis allé chez ma meilleure amie, je n'en pouvais plus, je ne pouvais pas rester chez l'autre cinglé. Pourtant, j'ai dû y retourner, je n'avais pas le choix. J'ai été obligé de dormir dans son lit. Ce n'était pas propre, ça puait. J'y suis resté trois jours. Comme je ne l'ai pas laissé faire ce qu'il voulait, il m'a donné à manger des patates avec du porc caché dessous, la crasse totale. Puis je me suis retrouvé chez un deuxième. Il avait trente-sept ans. Dès qu'il a ouvert la porte, j'ai eu peur. Direct. J'ai dit stop. J'ai bu un verre, il m'a dit « Tu peux monter dormir ». Au moment d'y aller, il m'a dit de retirer mon jean. J'ai refusé. Il a commencé à me toucher lui aussi. J'ai dit : « OK, désolé de vous avoir dérangé, je pars. »

« Je préfère être dans la rue. J'ai passé ma première nuit dehors. J'étais crevé. J'ai marché dans Paris jusqu'au moment où je me suis endormi sur un banc. Au matin, je me suis aperçu qu'on m'avait fouillé pendant mon sommeil. On ne m'a pas agressé, mais quand je me suis réveillé je n'avais plus rien, ni mon portefeuille, ni mon téléphone, ni mon passeport, ni mes quarante euros. Quand on se fait voler, c'est comme si on vous plantait un couteau dans le cœur. Mais là, ça ne m'a rien fait, je n'ai rien ressenti. Pendant tout ce temps, je pensais à mes parents. Même maintenant, j'y pense. Je me dis qu'ils vont peut-être appeler. Mais ils n'appelleront plus.

ARRÊTE D'ÊTRE UNE LOPETTE

Très mince, très poli, Étienne est souriant, posé, le genre jeune garçon de bonne famille, pas un gros mot, l'air fragile et bien élevé, il est vêtu d'une chemise sombre et d'un jean immaculé. Sa démarche est un peu boitillante, car il est handicapé de naissance par une hémiplégie qui lui cause des douleurs dans tout le corps. Il est handicapé à 79,99 % (pourtant, ça ne se voit pas). Il devrait porter des semelles orthopédiques mais elles coûtent quatre cents euros l'unité, donc trop chères pour lui. Étudiant en communication dans une école de commerce, il touche une bourse pour survivre. Comme elle court de septembre à mai, l'été, l'argent vient à manquer. Donc, le soir où Véronique Mougin le rencontre, tout début septembre, il n'est « pas contre » aller au restaurant. Son frigo est désespérément vide. Il vit désormais dans une chambre du CROUS en cité U, après deux ans SDF, à la rue, dans les gymnases, à l'Armée du Salut, etc.

— Les homos ont la réputation d'être des fêtards, mais moi je sors peu, raconte Étienne environ une fois tous les deux mois, pour décompresser, faire le vide dans ma tête. Je suis des études, ce n'est pas simple vu ma situation, donc, de temps en temps, j'ai besoin de souffler. Surtout que je n'ai personne à qui parler. Moi, je ne peux pas téléphoner à papa maman pour leur dire comment s'est passée ma journée…

« Ma meilleure amie habite en banlieue, où vivent aussi mes parents, donc, j'ai peur d'y aller. L'école où je suis est assez exigeante. Je redouble ma première année car j'ai commencé les cours en novembre, avant, je n'avais pas d'appartement, j'étais à la rue.

Étienne est né à Paris et jusqu'à son adolescence il vit dans la maison familiale à Neuilly. Son père est cadre supérieur de troisième niveau, il tient beaucoup à ce « troisième niveau », il a repris ses études sur le tard pour l'obtenir, et il en est très fier. Malheureusement, l'homme est violent. Sa conception de la vie tient du XVIIIe siècle, sa famille c'est sa chose. La mère est au foyer, d'origine italienne, elle est passée de l'emprise de son père à celle de son mari. Dans la famille, on ne parle jamais de rien, et surtout pas de sexualité. Avoir des petites amies est interdit, les études d'abord ! Quand on n'arrive pas à faire un exercice de maths, on est privé de repas.

— Moi je suis né handicapé, mais mes parents ne me l'ont jamais dit. Ils n'ont pas voulu le voir. Ils en avaient honte, sans doute. Ils ont fait comme si de rien n'était. J'ai toujours eu des douleurs dans tout le corps et, quand je m'en plaignais, ils me disaient : « Arrête de faire ton intéressant. » Je n'ai jamais été soigné, ce qui a sans aucun doute aggravé mon état de santé. C'est un médecin qui m'a dit que j'étais handicapé, à l'âge de seize ans. J'ai un frère de huit ans mon aîné. Lui a été baptisé, pas moi.

Depuis toujours, Étienne a conscience que ses parents le traitent différemment de son frère. Il n'était jamais assez bien pour eux, ni assez rapide, ni assez musclé, ni assez sportif. Le fait qu'il soit handicapé leur pesait peut-être. Pourtant, ils auraient eu de quoi être fiers de lui : élève exemplaire malgré sa difficulté motrice et une dyslexie qui le desservait pour apprendre à lire, il a toujours adoré la lecture, il a la qualité inhabituelle d'être un enfant qui veut se cultiver. Alors que ses camarades ne pensent qu'à se bagarrer, lui a la tête plongée dans les livres. Il ne fume pas, ne boit pas en cachette, je sais que le tableau semble idyllique mais c'est ainsi. Malgré ces qualités rares pour un enfant, ses parents ne sont pas fiers de lui.

– Ils me trouvaient toujours trop gentil, trop câlin avec les gens, trop sensible. Quand ils recevaient du monde à la maison, ils parlaient avec bonheur de mon frère, mais de moi, jamais. Ils disaient qu'ils allaient payer de longues études à l'aîné et l'aider à acheter un appartement, et moi, mon avenir était tout tracé dans leur tête : ce serait un BEP et voilà.

« Le jour où je leur ai dit que je voulais aller en seconde générale, ils ont hurlé : j'étais un bon à rien, je n'allais jamais y arriver ! Du coup, j'ai du mal à me valoriser, j'ai été trop rabaissé… Mon père, c'est un violent, c'est le genre à considérer ses enfants comme des meubles. Un jour, il nous a dit : “Vous, c'est comme un porte-savon, si je décide que vous allez dans la salle de bains, vous y allez, si je décide que vous allez dans la cuisine, pareil."

« Mon père nous frappait, mon frère se mettait souvent entre lui et moi pour m'éviter les coups. Au collège, je devais avoir onze ou douze ans, une camarade que je connaissais à peine a vu que j'étais épuisé, que j'avais des bleus. Sous prétexte de me montrer une affiche dans un couloir, elle m'a emmené près du bureau de l'assistante sociale du collège, là elle a ouvert la porte et m'a poussé dedans. Ma copine lui a dit : "Regardez, il a des bleus partout, faites quelque chose !" L'assistante sociale a convoqué ma mère pour lui poser des questions.

« Mes parents ont divorcé, mais il y a eu tellement de conflits dans la famille que mon frère et moi avons été placés.

« Moi, j'ai atterri dans un foyer pour jeunes délinquants car il n'y avait de place nulle part ailleurs vu mon handicap.

« J'y ai passé les deux pires années de ma vie, si je ne compte pas la rue.

Mais le hasard veut que ce soit là qu'il rencontre Luc, son premier amour, le garçon le plus populaire de l'internat, un sportif, membre d'un club de hockey. Pour Étienne, le rat de bibliothèque, toujours à potasser dans son coin, on ne peut imaginer rencontre plus improbable.

– La seule chose qu'il a trouvée pour m'aborder, ça a été de me balancer le ballon de foot dans la figure, un jour où je lisais sous un arbre près du terrain. Quand il m'a parlé, la seule chose que je pensais, c'était : « Il est beau, beau, beau, beau. » Comme un flash. Pendant cinq minutes, je ne pensais qu'à ça, à lui, et plus au livre que j'étais en train de lire.

« Un jour, il s'est blessé à l'omoplate. Dans les vestiaires, je l'ai vu se tordre en deux pour essayer de refaire ce maudit pansement inaccessible ! Je me suis approché doucement, j'ai pris le mercurochrome et sans rien dire je lui ai refait son pansement. Lui, le sportif, musclé, disait « aïe » et « ouille » quand je le soignais, j'étais mort de rire. Je faisais le tour de son dos avec mon doigt, j'aurais aimé que ce moment dure toujours. Et puis d'autres pensionnaires sont arrivés, nous avons entendu du bruit et je me suis éloigné le plus possible…

Un jour qu'il est dans un train pour aller passer le week-end chez son père, celui-ci hurle tellement dans le téléphone que tout le wagon en est témoin. « Je vais te refaire le portrait ! » lui crie-t-il. Une fois arrivé à la gare, sur le quai en attendant son père, Étienne est immobile, tétanisé par l'idée de ce qui l'attend. C'est alors que quelqu'un lui prend la main doucement. C'est Luc qui lui dit : « Avec ce que j'ai entendu dans le train, tu ne crois pas que je vais te laisser rentrer chez ton père ? » Et il l'emmène.

— Plus tard, il m'a demandé de sortir avec lui. Pendant quinze secondes, je me suis dit : « C'est un garçon… » Mais cette sensation que j'avais quand j'étais avec lui, ce sentiment, pas d'euphorie, mais d'être bien, d'être en sécurité, d'être aimé, c'était ça. Je le savais. C'était ça, l'amour.

Je vois bien que le côté fleur bleue de son histoire risque d'énerver l'éventuel lecteur. Mais la vie ne recule pas devant les poncifs, elle n'a pas les craintes d'un écrivain, elle n'a pas peur des romans de gare, la vie, elle est comme ça, elle ne coupe pas au montage et elle se fout des critiques.

Je trouve sa façon de raconter des plus émouvantes, justement parce qu'il n'y met aucun recul, aucun second degré si cher à l'air du temps. S'il s'agissait d'un homme et d'une femme, les gens paieraient pour aller voir le film, alors pourquoi sourire si c'est dans la vraie vie et qu'il s'agit de deux garçons ?

— Nous sommes restés deux ans ensemble. Je suis quand même retourné vivre chez ma mère à l'âge de dix-sept ans, après que mes parents ont divorcé.

« Pendant trois mois, tout s'est bien passé. Et puis un jour, entre "Passe-moi le sel" et "Passe-moi la salade", elle m'a demandé : "Est-ce que tu aimes les garçons ?"

« J'ai répondu de la même façon, un petit "oui" qui l'a extraordinairement choquée. Je l'ai vu à son visage, elle était décomposée. Moi, avec le recul, ça m'a soulagé de le dire. Je n'avais pas à le cacher. Qu'y puis-je si les filles même magnifiques ne me font pas le moindre effet ? Sur le coup, j'ai essayé de relancer la conversation, de la rassurer, de lui dire que ce n'était pas grave, mais elle a coupé court à coups de banalités genre : "Encore de la salade ?"

À trois heures du matin, la mère se réveille en sursaut, elle cauchemarde. Pourquoi faut-il que ça lui arrive ?

Elle aimerait tant que tout rentre dans l'ordre, elle en veut à son mari de lui avoir fait ce fils bizarre, si différent de ceux de ses meilleures amies, celles qui ont la chance d'avoir une vie sans histoire, avec leurs petits bien coiffés, propres et tout. On ne l'a pas préparée à être la mère d'un « freaks » ou d'un « elephant man », elle voudrait revenir en arrière, quand, avec son monsieur, elle échafaudait des plans de famille nombreuse en caressant sa panse enflée de promesses. Pour un peu, la dame nourrirait des chimères de castration chimique. Au début, elle l'aimait son Étienne, bien qu'elle eût rêvé d'un blond et qu'il naquît brun, premier faux pas. Maintenant elle lui en veut d'être tout de travers, alors, chaque matin, elle arrive comme une furie dans sa chambre, l'insulte à la bouche : « Tu me dégoûtes, t'es un monstre, tu ne vaux rien… » Elle le menace de jeter ses affaires à la poubelle.

Désormais, elle lui interdit de rester à la maison. Tous les jours, il doit partir tôt et rentrer le plus tard possible pour se coucher. Étienne prépare ses repas lui-même et, s'il a le malheur de s'approcher d'elle, il est aussitôt rejeté.

— Elle me supportait à la maison, mais il fallait que je sois loin. Ou bien dehors, qu'il pleuve ou qu'il fasse beau. Après les cours, j'allais au centre équestre m'occuper des chevaux. Je me suis noyé là-dedans, je les brossais, je leur parlais, auprès d'eux j'étais bien. À cette époque, je m'efforçais de ne pas penser. Penser, c'était lâcher prise, alors, je me bloquais l'esprit. Les chevaux, c'était mon exutoire.

Un jour, ayant perdu son travail, son frère Gabriel est contraint de revenir vivre à la maison. Agissant comme si Étienne n'était pas dans la pièce, sa mère lui annonce que son petit frère aime les garçons. Comme seule réponse, Gabriel se jette sur lui et le roue de coups au point qu'il faut emmener Étienne aux urgences. À partir de ce moment, son but unique est de remettre son frère dans « le droit chemin ».

— Dès que je disais « Allô, bonjour », ou quoi que ce soit, dès que je faisais un geste, ou que je décrochais le téléphone, il me reprenait : « Agis comme un homme, parle comme un homme, arrête d'être une lopette. » Il me frappait à coups de pied, de poing, pour faire entrer la « virilité » dans ma tête. Il avait pris le rôle de chef de famille, gérait le budget, prenait toutes les décisions. Ma mère se pliait à sa discipline comme à celle de mon père jadis. Il avait chronométré le trajet du lycée à la maison et, si j'avais trois minutes de retard, il entrait dans une colère noire. Un jour où j'avais perdu mon pass pour sortir du lycée, j'ai dû aller à la bibliothèque : mon frère a débarqué à l'école et m'a ramené jusqu'à la maison en me tirant par les cheveux. Devant témoins. Quand il me cognait, ma mère était là, elle cachait son visage dans ses mains. J'étais tétanisé, de mal, de peur, mais ce qui m'a horrifié, c'est ça : voir ma mère faire comme si de rien n'était.

Pour s'en sortir, Étienne s'accroche comme un fou à ses études avec un seul but : avoir enfin un travail et ne dépendre de personne. La seule chose qu'il ignorait, c'est que sa famille allait le mettre dehors juste avant le bac ! Le jour de ses dix-huit ans, son frère lui a dit : « Tu as trois jours pour devenir un homme ou quitter la maison. » C'est ainsi qu'Étienne se retrouve du jour au lendemain à la rue. Il a pris le minimum indispensable, son ordinateur, et de quoi être propre une semaine au moins. Son souci principal est de rester présentable en classe. Il ne veut surtout pas que ses camarades se doutent de quoi que ce soit. Il a quitté la maison à cinq heures du matin et il se retrouve maintenant devant la grille du lycée avec ses sacs. Dès l'ouverture des portes, il se précipite chez l'assistante sociale en traînant son barda. Tout ce qu'elle est capable de lui dire, c'est qu'elle n'a pas de solution et qu'il doit rentrer chez lui. En désespoir de cause, il fonce à la mairie où il connaît une autre assistante sociale, mais celle-ci lui répond : « Vous n'êtes ni toxicomane, ni alcoolique, ni noir, ni musulman, ni une femme, vous n'avez pas d'enfant et vous n'êtes même pas en échec scolaire : comment voulez-vous que je vous trouve un hébergement ? Si vous aimez les hommes, faut assumer. Sinon, il ne fallait pas le dire ! » Intéressante liste que celle énoncée par cette personne, un florilège des mépris que la société se dissimule à elle-même, le catalogue des peurs de ceux qui ont peur de tout.

Étienne se heurte partout à la froideur des gens de l'administration. Il ne s'agit pas de jeter la pierre à ces derniers, je sais bien que leur quotidien n'est pas simple et qu'à force de côtoyer le malheur des autres, on peut finir par se raidir ou tout simplement s'habituer. Sans doute en ont-elles trop vu pour saisir l'urgence de la situation.

Après tout, il n'est peut-être qu'un adolescent de plus en fugue. Cependant, certaines manqueront de doigté.

À la Mission Jeunes, une dame lui déclare : « Moi, je suis arrivée en France, immigrée, sans papiers, avec un bébé, personne ne m'a aidée, pourquoi voulez-vous que je vous aide ? » En plein mois de décembre, une autre lui dit, alors qu'il n'avait pas mangé depuis plusieurs jours : « Il y a un Quick au coin de la rue. Débrouillez-vous, je ne suis pas la Banque de France ! »

Et, cerise sur le cake, une dernière ose lui conseiller : « Trouvez-vous un vieux dans le Marais. »

—Pourtant, je les ai sorties, mes tripes, devant chaque assistante scolaire j'étais en larmes. Avec mon look propret et gentil, je n'étais peut-être pas assez crédible en SDF. Et le fait que j'avais déjà été frappé par mon père, puis par mon frère, ça faisait sans doute trop film d'Hollywood. Je ne sais pas. Peut-être qu'elles ont cru voir un de ces enfants qui veulent s'échapper de leur milieu, un petit candidat à la Star Ac qui aimerait devenir quelqu'un... Ou alors, c'est le système qui a perdu son cœur. Le système est trop robotisé. Il y a trop de procédures pour qu'un certain humanisme y ait sa place.

L'être humain est un drôle d'animal, capable parfois de résoudre des problèmes extraordinaires. Je lisais récemment qu'il a réussi à comprendre que notre univers n'était vieux que de deux milliards sept cents millions d'années et, à force d'observer la voûte céleste avec une persévérance qui force le respect, il a trouvé des supernovas cent fois plus grosses que le Soleil, dont la lumière a mis onze milliards d'années à parvenir jusqu'à nous. En revanche, il est incapable de trouver 20 m^2 habitables pour un adolescent à la rue. C'est confondant. Il faut dire que jeune, homo et handicapé, Étienne n'entre pas dans les bonnes cases, il y a peu de places d'hébergement et si l'on s'en tient au règlement, avec son profil il est incasable.

— J'aurais été extatique si l'on m'avait proposé n'importe quoi, juste un toit sur ma tête, ne serait-ce qu'un gourbi au chaud. Je ne savais pas que le 115 existait et, quand je l'ai appris, après des mois de rue, j'avais trop peur d'y aller, dans ces centres pour SDF…

« La journée, j'étais à l'école. J'avais la carte de transport, merci mon Dieu ! Je mangeais des soupes à un euro à la gare Saint-Lazare, une fois par jour. La nuit, je la passais dans des bars ouverts, j'ai vite appris ceux où on peut ne pas consommer. Je ne dormais pas, je somnolais. Hors de question de rester dehors, j'avais bien trop peur. Dès que possible, j'allais dans le métro. Du coup, la journée, je dormais en cours sur la table. Quand il faisait froid, j'entrais dans un cybercafé à un euro les trois heures. Pour me laver, j'allais chez une amie, je faisais deux heures de transport pour un bain, ou je me rendais dans les piscines, celles où l'on peut accéder aux douches avant de payer l'entrée.

« La plupart du temps, je ne mangeais quasiment rien. J'étais fatigué, incapable de me concentrer, un zombie.

Tout en vivant dehors dans ces conditions, Étienne réussit quand même à avoir treize de moyenne au dernier trimestre en terminale.

Pendant l'hiver 2007-2008, il se décide quand même à faire le 115 après avoir entendu dire que des SDF pouvaient mourir l'hiver.

Pour la première fois de sa vie, il réalise que la mort existe.

Il atterrit dans un gymnase dans le 11e arrondissement. Les locaux sont très sales, bourrés de gens parqués…

– C'était horrible. On arrive là-dedans, les grands dortoirs, les lits alignés, tous identiques. Les toilettes dans le couloir, les douches très sales, à faire frémir… C'était dégueulasse, pardonnez-moi l'expression.

« Plus il fait froid, plus les gens boivent, vous savez. Alors, certains vomissaient partout. Les toilettes étaient sans arrêt bouchées. Un sentiment d'insécurité et de manque d'hygiène terrible. Les hommes avaient en moyenne soixante ans, pas l'air en bonne santé… Ils n'étaient pas méchants, mais décomposés, sales. Avinés. Un de mes voisins avait un lit tellement vétuste que son coude l'a traversé, et des vers sont sortis du matelas à moitié pourri.

Franck Lopez, le délégué régional du Refuge à Paris, définit ainsi le problème : « L'urgence, c'est de tenter de ne pas les laisser dehors, or c'est très compliqué. Si le 115 pouvait loger tout le monde, ça se saurait ! Les centres d'hébergement d'urgence sont saturés, et de fait réservés aux femmes seules avec enfants ou aux hommes adultes. Un jeune garçon peinera à trouver un hébergement de ce type et, une fois dedans, il aura parfois le plus grand mal à s'adapter à ce genre de structure, avec des dortoirs de quatre cent trente lits. C'est une forme de management où les personnels sont peu habitués à parler à des jeunes, même si on note depuis des années le rajeunissement du public de la rue.

« L'un de ceux que nous logeons, Nicolas, a été tabassé par ses colocataires, quand ils ont réussi à prouver qu'il était gay.

« Il a quitté son centre d'hébergement d'urgence sous les coups. Pourtant, ce ne sont pas des perdreaux de l'année, ils connaissent leur métier, mais c'est difficile à éviter. Il y a une forte homophobie dans ces endroits-là. C'est la double peine de ces jeunes homos.

« Non seulement ils sont virés de chez leurs parents, mais encore ils connaissent le rejet dans les centres. Comment se réinsérer, entamer des démarches professionnelles, quand on doit être focalisé sur l'idée de ne pas être “découvert”, sous peine de se faire défoncer la tête ? Nous logeons actuellement un gamin que la famille recherche activement afin de le faire passer à la lame du couteau. J'ai été obligé de supprimer du Net la photo de nos locaux, pour qu'elle ne puisse pas le retrouver. La situation problématique d'Étienne est hélas très courante. »

— Un soir, raconte Étienne, dans un bar, un type m'a demandé : « Ça t'intéresse, trois cents euros pour une pipe ? » Je ne dis pas que j'ai « résisté », car ce serait immodeste, mais bon, je ne l'ai pas fait. Une seule fois en deux ans, j'ai accompagné un homme charmant à un dîner d'affaires. J'ai passé une bonne soirée, il m'a réglé trois cent quarante euros, une somme astronomique, et m'a offert un délicieux repas.

« Je me suis mis à fréquenter les associations du “milieu”, je dois dire que c'est là seulement que j'ai trouvé de l'aide.

« Chez les gays, il y a des associations, dont le Centre lesbien, gay, bi et trans (LGBT) à Paris, qui organisent des permanences pour les jeunes, c'est un moyen pour de nombreux garçons, à la rue comme moi, de trouver du réconfort et un endroit chaud pour se reposer ne serait-ce que quelques heures. J'y ai croisé au moins vingt jeunes que leurs parents avaient mis dehors ! Je me suis lié d'amitié avec quatre d'entre eux, être ensemble nous permettait d'avoir moins peur, les agressions dans la ville, on y pense, surtout quand on est gay. C'est grâce à eux que j'ai fini par rencontrer une assistante sociale vraiment désireuse de m'aider.

Grâce à elle, Étienne est mis en relation avec les gens du Refuge. Il a enfin un ancrage. Il n'est plus tout seul avec ses problèmes. Pendant les épreuves du bac, l'association a fait un geste extraordinaire pour lui : alors même qu'ils n'ont pas de moyens, ils lui ont loué un studio afin qu'il puisse se reposer et réviser son examen.

– Un endroit rien qu'à moi. Propre. Sans vomi. Avec de l'eau courante chaude, pour me laver.

« Ça leur a coûté un maximum, je le sais, et je ne saurai jamais quoi faire pour les remercier. Sans eux, c'est sûr, je serais mort. J'ai eu le bac sans rattrapage, avec 10,5 de moyenne.

Après, bien sûr, il a fallu rendre le studio. La rue à nouveau. Ces deux ans passés dans une galère noire ont épuisé Étienne. Il se retrouve à l'hôpital à plusieurs reprises.

Son corps le lâche totalement. En un mois, il est hospitalisé six fois. Il s'évanouit tout le temps, dans la rue, à l'école.

La foule pressée au sortir des bureaux ne remarque pas ce garçon un peu pâle, plutôt bien mis, qui chancelle. Ils ont tous des problèmes, les gens, la période est difficile, je ne peux les blâmer, il est possible que je l'aie moi-même croisé sans lui prêter attention.

En 2008, le 8 décembre, jour de son anniversaire, il réussit enfin à décrocher une chambre au CROUS.

— J'ai reçu un appel et j'ai cru à un canular. « Vous avez une chambre. Quand pouvez-vous venir signer les papiers ? — Tout de suite, j'arrive ! » Une heure après, j'y étais. Je ne voulais plus la quitter, ma chambre ! J'y suis resté pendant trois jours sans sortir tellement j'étais bien ! J'ai dormi vingt-quatre heures d'affilée. C'était trop beau, irréel ! J'avais peur d'aller faire une course, peur de ne plus retrouver mon appartement en revenant ! Aujourd'hui, j'y suis toujours. J'ai repris vingt kilos.

« Ma mère m'a aimé, elle m'aime encore. Mais il y a quelque chose dans son éducation ou dans sa mentalité qui la bloque. Elle m'a appelé deux ou trois fois depuis que j'ai quitté la maison pour savoir si j'avais eu le bac, puis après mon entrée à l'école de commerce. Elle me dit des banalités. Pendant l'hiver, c'est "Couvre-toi" et pendant la canicule "Hydrate-toi bien", alors que j'ai failli mourir à force de vivre en SDF !

« J'ai remplacé ma famille par ma meilleure amie et par les gens du Refuge, c'est pour moi, et pour eux, que j'ai envie de me battre. Parce que je n'ai rien. Pas d'argent, pas de famille, et je veux tout. Je veux réussir.

« Le rejet de mes parents, je me dis que c'est un mal pour un bien. J'aimerais leur faire plaisir. Qu'ils soient fiers. J'ai conscience, depuis longtemps, que cela n'arrivera sans doute jamais. Vu leur âge, ils ne risquent pas de changer de sitôt. Tant pis, j'en ai fait mon deuil.

« Mon père, je ne sais pas s'il peut aimer. Mon frère, lui, qui n'est ni gay ni handicapé et que mes parents préfèrent depuis toujours, passe ses nuits en boîte, claque l'argent qu'il n'a pas. Au fond, ma famille reste ma famille et j'ai toujours de l'affection pour eux. Ils n'ont pas voulu de moi comme j'étais, je suis simplement très triste pour eux.

« Je bûche à l'école. Je ne me trouve pas beau, mais je me soigne. J'existe. Je m'accroche. J'y crois.

Moi, je le trouve beau.

Il ne faudrait pas que cette succession d'histoires fasse oublier qu'il y a aussi des parents qui, confrontés à la même situation, prennent le problème en main en décidant de l'assumer. Il ne s'agit pas de nier la difficulté que représente l'homosexualité d'un enfant pour une famille mal informée ou non préparée. Je comprends que pour beaucoup, ce soit un bouleversement douloureux, et mon but n'est pas de l'ignorer. Aussi, je voudrais rendre hommage à tous ceux qui, malgré le poids des traditions, ont le courage de penser d'abord au bonheur de leurs enfants, quitte à faire l'impasse sur leurs convictions ou leurs croyances les plus profondes. Ces gens-là sont héroïques, simplement, ils le sont en silence. Ce livre ne parle pas d'eux, mais de cas que l'on aimerait extrêmes, et qui, hélas ! sont beaucoup plus nombreux que l'on croit.

N'étant ni médecin ni psychiatre, bref, n'étant pas un spécialiste, laissez-moi vous dire pour finir que je suis tout à fait conscient de mes limites, et que si je me suis permis d'écrire ce livre, c'est parce que désormais, le temps m'étant précieux, j'ai eu envie de faire passer ce message, et tant pis si certains le trouvent simpliste : il me semble que lorsqu'une jeune fille aime une jeune fille ou qu'un jeune garçon aime un jeune garçon, il faut leur foutre la paix, ou mieux, les aider. L'important, c'est qu'ils s'aiment. Et ne les traitons pas de gouines ou de pédés, en croyant les insulter, nous leur faisons un compliment, car il faut beaucoup de courage pour être homosexuel dans une société qui manque cruellement de tolérance. Si, plus tard, ils veulent adopter un enfant, je ne vois pas pourquoi on les en empêcherait. Car contrairement à ce que pensent certains, et je ne doute pas de leur sincérité, il me semble que le droit de l'enfant mène justement au droit à l'enfant, et cela parce que je reste persuadé qu'un gosse aimé, peu importent les parents, sera toujours mieux qu'entre les murs d'un orphelinat. Aussi, n'écoutons pas les discours sectaires des chantres de la normalité et autres fous de Dieu. De quel droit déciderions-nous qu'ils sont moins compétents que nous, les hétéros, qui considérons la naissance d'un enfant comme un dû ? Brassens avait raison : « Les braves gens n'aiment pas que l'on suive une autre route qu'eux. » Et puis, que vaut la vie si l'on se refuse le droit de l'inventer ?

Il existe, pour l'instant, deux structures du Refuge en France. Et si vous voulez mon avis, ils ont besoin d'argent…

www.le-refuge.org

Le Refuge de Montpellier travaille en partenariat avec les structures suivantes :

La Banque alimentaire de l'Hérault

La Mission locale des jeunes de Montpellier Agglomération

Le Point Écoute parents adolescents de Montpellier

Le Collectif Santé Jeunes de l'Hérault

L'association Chemin des cimes à Montpellier

Le CROUS de Montpellier

La Lesbian & Gay Pride de Montpellier Languedoc-Roussillon

Cultures du Cœur Languedoc-Roussillon

Le Kiosque à Paris

L'Égide (région Nord-Pas-de-Calais)

Les Sœurs de la perpétuelle indulgence

La DDASS et le conseil général de l'Hérault

Les Villes de Montpellier, Agde et Palavas-les-Flots

La CAF de Montpellier

L'Agence pour la cohésion sociale et l'Égalité des chances du Languedoc-Roussillon

Concorda Logis

Rectorat de l'académie de Montpellier

La Préfecture de Paris

Le secrétariat d'État à la politique de la Ville

Le ministère du Travail, des Relations sociales, de la Famille, de la Solidarité et de la Ville

Le groupement régional de santé publique du Languedoc-Roussillon

La Fondation Abbé Pierre

La Fondation Pierre Bergé – Yves Saint Laurent

L'Institut Randstad

La mutuelle Unilia

Le laboratoire Sanofi-Aventis

L'assurance maladie de Montpellier

La Fondation EDF – Diversiterre

La Fondation Caisse d'Épargne Languedoc-Roussillon.

TABLE

Composé par Nord Compo Multimédia
7, rue de Fives, 59650 Villeneuve-d'Ascq

Achevé d'imprimer
sur Roto-Page
par l'Imprimerie Floch
à Mayenne
en janvier 2010

N° d'édition : 426/01 – N° d'impression : 75696
Dépôt légal : février 2010

Imprimé en France